万向新赛道

华为系列故事

主　编　田　涛　殷志峰

编委会　曹　轶　龚宏斌
　　　　张俊娟

生活・讀書・新知三联书店

Copyright © 2019 by SDX Joint Publishing Company.
All Rights Reserved.
本作品版权由生活·读书·新知三联书店所有。
未经许可，不得翻印。

图书在版编目（CIP）数据

迈向新赛道 / 田涛, 殷志峰主编 . -- 北京 : 生活 ·
读书 · 新知三联书店, 2019.1 （2024.10 重印）
（华为系列故事）
ISBN 978-7-108-06418-9

Ⅰ . ①迈… Ⅱ . ①田… ②殷… Ⅲ . ①通信 – 邮电企
业 – 企业管理 – 经验 – 深圳 Ⅳ . ① F632.765.3

中国版本图书馆 CIP 数据核字 (2018) 第 264959 号

策　　划	知行文化
责任编辑	朱利国　马 翀
装帧设计	陶建胜
责任印制	卢 岳
出版发行	生活·讀書·新知 三联书店 （北京市东城区美术馆东街22号）
网　　址	www.sdxjpc.com
邮　　编	100010
经　　销	新华书店
印　　刷	北京隆昌伟业印刷有限公司
版　　次	2019年1月北京第1版 2024年10月北京第6次印刷
开　　本	635毫米×965毫米 1/16　印张 14.5
字　　数	168千字 / 53 幅图
印　　数	500,001—506,000册
定　　价	46.00元

（印装查询：010-64002715；邮购查询：010-84010542）

基础研究与基础教育是产业诞生和振兴的根本。

定位决定地位，眼界决定境界。

目　录

001 / **做全球消费者最喜爱的智能终端品牌（序）** 余承东

009 / **为什么是徕卡？**
作者：李昌竹　＊　文字编辑：龚宏斌
为什么是徕卡？　010
一见面就有了化学反应　011
黎明的前夜最黑暗　012
如何拍出有徕卡味儿的照片　014
拨云见日，水落石出　015
华为和徕卡，到底突破了什么？　017

018 / **不掉话的秘密**
作者：黄学文　＊　文字编辑：张　钊
把高铁"搬"进实验室　019
手机、芯片、无线三军会战　020
通信版"世界之窗"　023

026 / 让你"看"见整个世界
作者：崔擎誉　*　文字编辑：江晓奕

我们的小目标：为视障用户定制一个特性　026

走出去，才能听得到最真实的声音　027

零经验没有标准？那我们就创造标准　028

去盲人按摩店找改进点　029

最骄傲的事　030

032 / 长跑没有终点
作者：何　刚　*　文字编辑：龚宏斌

一、坚持高品质，给用户高标准的体验　032

二、平台和共享，把核心能力建起来　034

三、坚持"以消费者为中心"，开放合作实现共赢　039

042 / 从偶然到必然——Mate 背后的故事
作者：李小龙　*　文字编辑：张　钊

华为要做旗舰机　042

一款只为养家糊口的产品　044

一切为了 Mate 粉丝　045

爆款，意料之外，也意料之中　048

想让更多人爱上 Mate　050

053 / 头发丝上跳舞
作者：蔡小根　*　文字编辑：霍　瑶

穿过 1.5mm 的羊肠道　053

给双面胶定个规矩　055

顺利走过 0.8mm 的平衡木　056

在四根头发丝上跳舞　057

永不分离　059

061 / **一闪一闪亮晶晶**
　　　　作者：聂星星　＊　文字编辑：王　鹏
　　　　小麻雀飞起来　061
　　　　消费者要的是整个星空　063
　　　　只为极致搜索体验　065
　　　　一个年轻 PL 的诞生　067

069 / **一次亲密接触**
　　　　作者：邱　晓　＊　文字编辑：刘　军
　　　　潜伏摄影组织　069
　　　　石沉大海的邀请帖有了回应　071
　　　　成为华为天才计划代言人　072

077 / **笨鸟不等风**
　　　　作者：赵　明　＊　文字编辑：龚宏斌
　　　　首次亮相，我解开了衬衫的第二粒纽扣　077
　　　　稳住团队，打胜仗成为荣耀的唯一出路　078
　　　　巅峰跌落，2016 年国内重建荣耀　081
　　　　反攻收割，成就互联网手机第一品牌　084
　　　　探索试错，乘风破浪终有时　086

088 / **一群吓不倒的人**
　　　　作者：汪严旻　＊　责任编辑：龚宏斌
　　　　威胁要跳河的凯文李　088
　　　　和麋鹿撞在一起的小王子　090
　　　　五个月学会土耳其语的语言天才　092
　　　　安徒生童话王国的雷神 Thor　094
　　　　后记　097

098 / **看不见的 U 盾**

作者：高居甲　常新苗　*　文字编辑：霍　瑶

我们研发出了首个手机盾　098

百般磨砺练就的标准　100

峰回路转，建行率先上线　102

手机盾的闪亮登场　104

106 / **天山下的华为红**

作者：朱振伟　*　文字编辑：肖晓峰

谁帮我们把手机送到消费者手中？　106

零售商夫妻玩心理战　108

打通最后一米　109

因地制宜，让最懂消费者的人来服务　112

114 / **跨越工卡的边界**

作者：杨心蕊　Danimar Cohelho　杨　鑫　Cagdas Sendur

　　　*　文字编辑：刘　军

温暖，听得见　114

（杨心蕊　哈尔滨华为客户服务中心技术顾问）

三顾马德里服务中心，她成了华为的粉丝　116

（Danimar Coelho　西班牙马德里华为客户服务中心店长）

从投诉到点赞，有时只需多问一句　118

（杨鑫　华为消费者联络中心上海站点热线坐席、质检专员）

一小时的服务，赢得了一位华为品牌大使　120

（Cagdas Sendur　荷兰阿姆斯特丹华为客户服务中心店长）

编后语　122

123 / **没有固定赛道的比拼**

作者：朱　平　*　文字编辑：肖晓峰

战略转型：向以消费者为中心转型　123

战略实施：借东风，组织、渠道、人才协同推进　126

战略耐心：以大服务和新零售赢未来　130

大服务，新零售　130

134 / **给手机算命**

作者：顾正东　*　文字编辑：江晓奕

招兵买马，把能力提上去　135

终端仿真团队　136

阻止全面屏"吃"信号　138

仿真技术"唯快不破"　140

142 / **只为给你更好的手机**

作者：卞红林　*　文字编辑：张　钊

深厚的技术能力　142

大投入带来的保障　144

远超业界的质量标准　147

150 / **我的机缘**

作者：方　飞　*　文字编辑：陈丹华

"村村通"固定台验证手机能力　150

Google 不给准入证　152

华为首款智能机　153

做大家用得起的智能机　155

158 / **大别墅的烦恼**

作者：杨熠南　*　文字编辑：刘　军

浪漫的礼物　158

中东大别墅的烦恼　160

挽救一颗爱心　161

说好七天就是七天　163

未完待续　165

166 / 新星
  作者：Anson　＊　文字编辑：刘　军

  品牌从"说"好一件事做起　167
  品牌积累，少即是多　168
  国际品牌更要本地化　169
  让消费者更了解我们的产品　171
  冉冉升起的品牌新星　172

173 / 献给爱丽丝
  作者：胡　剑　＊　文字编辑：江晓奕

  持续亏损，如何逆袭？　174
  是选贵的，还是选对的？　175
  一个间隙引发的会诊　177
  前置指纹，我们做到了！　178
  三级跳的骄傲　179

181 / 做有温度的门店
  作者：杨　健　＊　文字编辑：江晓奕

  "灯光舒适我才愿意来"　181
  "我不想要冷冰冰的样机"　183
  "手机支架可以隐形吗？"　185
  "我喜欢与众不同的礼品"　187

189 / MateBook 的名与实
  作者：朱臣才　＊　文字编辑：陈丹华

  用精确的细节来升华美：一顿闷酒换来的 0.6mm　191
  一切为了"易用"：哪怕是自己的"孩子"也不妥协　193
  披荆斩棘的创新之路：在梦想中开出花朵　194

197 / 小盘子里分大蛋糕
作者：苏 杰 ＊ 文字编辑：陈丹华

第一个"小目标"，至少撑两年　　　　198
持续创新，奠定行业格局　200
"要将坏事变成好事"　201
实现无盲点覆盖　203

206 / 客户说一切免谈
作者：曹 炜 ＊ 文字编辑：杨西奥　黄海强

一地鸡毛，杂牌中冲出血路　206
打铁还需自身硬，靠品质赢得认可　208
暗渡陈仓，双渠道反客为主　209
其乐无穷，拼创意做厚品牌　210
江湖再见，忆往昔峥嵘岁月　212

214 / 开放胸怀，建设混凝土精兵队伍
作者：马箐箐

老华为：奋斗者永远年轻　214
业界大咖：华为消费者业务，原来我并不懂你　216
90后"小鲜"：这个团队有一种魔力　217
年轻干部：事业留人，机会留人　219

做全球消费者最喜爱的智能终端品牌

（序）

余承东

要么发展下去，要么从地球上消失，华为终端业务没有退路。

2011年10月的三亚，华为公司高管、领域专家悉数到场，为期三天的华为终端战略研讨异常热烈。在2B市场征战多年的华为人面临2C全新方向，部分问题一时难以达成共识，但进军2C领域的决心高度一致。而当时，全世界还没有一家公司在2B和2C领域同时取得成功。

2011年12月15日，任正非总裁签发三亚会议决议，明确"华为终端产业竞争力的起点和终点，都是源自最终消费者"。时代赋予的机遇和历史使命，让我们内心深处感受到巨大力量的召唤。同年我主动请辞公司战略Marketing总裁一职，全身心加入华为终端。我们团队也自此立下决心："要么不进入，一旦进入一个领域，就要成为该领域的王者！"我们要让消费者了解到，全球最好的手机终端产品将来自华为！

华为终端产业竞争力的起点和终点，都是源自最终消费者

记得1993年迈出校园，我来到当时规模还很小的华为公司，听任总在员工座谈会上讲"华为要做最强的通讯企业"，我和同事们都觉得不可思议。7年前华为终端品牌刚起步时，我们定下挑战目标"要让印着华为Logo的高端智能手机卖到100万部"，大家也觉得不可思议。回想过去奋斗打拼的岁月，我最大的体会便是两个字——艰难，但一个个看似不可能的目标，却一个个实现了。从蹒跚摸索到逐步实现超越，我们无比深刻地体会到，正是因为华为选择了一条比别人更苦一点的路，并在这条路上坚持走了下来，才做到持续高速发展。

2003年，华为终端业务开启。秉承通信人的使命，我们自"村村通"固定台起家，优先解决了城市以外偏远地区通信覆盖问题。随后几年，3G数据卡份额做到全球第一。2003至2010年华为终端创业初期，是固定台和数据卡业务支撑我们活了下来。而ODM（Original Design Manufacturer，原始设计制造商）白牌模式把华为领进手机大门，从而在该领域形成初步积累，为后续2B向2C模式转型奠定了基础。

2012年，华为终端业务正式开启从ODM白牌到华为自有品牌、从低端向中高端智能手机、从运营商转售市场向公开市场的三大战略转变。当时有媒体评价华为进军消费电子领域，一度用"疯了"来形容。

我们确实很"激进"，为了坚定向高端转型，为了追求手机外观极致纤薄、减掉一毫米甚至零点几毫米的厚度，为了给消费者带来极致美的体验，研发团队做了有史以来最大规模的投入，每个流程节点、每个岗位上的同事们拼尽全力。而"激进"的目标最终得以实现，2012年，我们推出面向2C市场的首款旗舰智能手机——

华为 P1，被冠以"全球最薄手机"称号。尽管产品本身很惊艳，具备一定竞争力，但华为在品牌、渠道、零售上的经验积累几乎为零，这款定价 3000 元人民币、定位高端市场的产品最终销售并不成功，这也是我们在 2C 领域正式交出的第一笔学费。然而，消费者们却惊讶于传统印象的"理工男"华为，居然能做出外观如此打动人的产品。消费者的良好反馈给了我们极大鼓舞和信心，华为终端向 2C 转型的决心更坚定了。

2012 年，我们将总量 5000 万部的功能手机砍掉 3000 万部，全力投入到智能手机领域，一段时间整个团队承受着外界难以想象的压力。尽管要面对运营商客户的较大反弹，而且由于 2C 品牌积累的匮乏，高端市场一时难以打开局面，但华为仍坚持在智能终端领域加大研发投入，尤其在高端智能手机上持续创新。

2013 年初，我主动向公司申领了"从零起飞奖"，2012 年度奖金为零。尽管完成了 2012 全年业务经营目标，但我希望以此反向"激励"自己和团队。所谓置之死地而后生，只有拿出壮士断腕的决心，才能收获更大的起飞。至今我的书桌上仍摆放着这座奖杯——中国第一代舰载机"歼 15"从辽宁号航母上起飞的模型。

2014 年，华为终端品牌战略被改写。"荣耀"穿上互联网的鞋，开始走自己的路。"荣耀"原是终端的产品型号之一，为了在互联网时代满足更多消费者的体验需求，同时给"荣耀"足够空间和授权快速成长，终端内部将原电商平台部整合，正式成立"荣耀"业务部，华为和"荣耀"双品牌并驾齐驱。"荣耀"致力于为年轻一代打造最喜爱的极致科技潮品；华为品牌以极致创新和卓越体验为追求，旨在高端市场获取更高份额，服务更广泛人群。

面向 2C 市场转型至今逾 7 年时间，意识转变一直是我们最大的短板。从过去不敢面对媒体，到后来逼自己每天在微博上宣传；连续几年至今，管理团队坚持参加零售、服务站店实践，倾听消费者声音，并用公开信等方式号召全体员工做客服，为亲朋好友线上线下答疑解惑、解决问题。华为终端核心战略要素从最初"打造产品精品、构筑品牌、重视渠道与零售建设"，发展至增加"双品牌、用户经营、建生态、加强产业链整合"，一步步构筑2C体系化能力。在艰难的转型路上，我们历经无数挫败、痛苦与挣扎。最困难的时候，是公司创始人任总及高层管理团队的包容、理解和支持，赋予了终端变革的决心与勇气。我们坚信，这几个大的转变后如果还能活下来，未来华为消费者业务[1]必定越来越强大，我们志在做长跑者。

充分利用华为在通信领域多年积累的工业化体系能力，我们在软硬件研发、通信性能、供应链、制造、芯片等领域实现从落后到领先，逐渐打造出差异化优势。华为自研的Kirin麒麟芯片自2012年投入商用不被看好，到现在成为华为产品独特竞争力；华为全球品牌知名度从转型初期在中国不足3%，提升到2017年全球86%，这意味着全世界每10人中近9个知道华为品牌。2014年，华为成为Interbrand Top100首家中国大陆上榜品牌[2]，排名第94位，随后几年提升至70位。2017年，"荣耀"品牌以中国销量和销售额双冠纪录，登顶中国互联网手机第一品牌。2015年至今，华为坐稳全球Top3智能手机厂商阵营，预计2018年智能手机出货将超过2亿部，市场份额接近全球第二，中国及海外部分国家市场份额达到第一。其中，中国市场份额超过30%，目前4000元以上高端档位仅剩华为和苹果

---

[1] 2014年，华为终端公司对外传播名称变更为"华为消费者业务"。
[2] Interbrand是全球领先的品牌咨询公司，创始于1974年，自2000年发布全球TOP100品牌榜至今，从品牌业绩表现、影响力及品牌保障公司持续收入的能力三个方面对品牌进行衡量。

两家公司在竞争角逐。

我们深知这些成绩的取得,源于广大消费者的信赖与支持。我们更体会到,越是往上走的时候,越要保持对消费者体验与满意度的敬畏。是一代代华为人坚持"以消费者为中心"、永不放弃的奋斗精神薪火相传,让我们在这个领域站稳脚跟,也将支撑我们走得更远。

眼界决定境界,定位决定地位

求其上者得其中,求其中者得其下,求其下者无所得。

多年来,我们团队内心深处始终笃信要有远大追求与胸怀。我理解的胸怀,不仅为心怀抱负,更代表气度包容,涵盖意志品质,也意指视野格局。胸怀王者之气,王者自在心中,永远追求做到最好才能所向披靡,要做业界各领域真正的王者。同时,我们强调各级主管对业务要有深刻的战略理解力和洞察力,要比对手站得更高、看得更远。

回想十多年前我做无线产品线总裁时,整个团队怀着"超越所有对手"的决心,大胆创新突破,打造出全球最具创新力的首款分布式基站和 SingleRAN 产品,把产品竞争力做到了业界全球第一。十几年过去了,仍然保持无人超越的地位。这些年我们做消费者业务,在智能手机电池续航、通信性能、拍照效果、安卓操作系统软件优化等方面,一步步构筑起自己的核心能力,部分领域实现全球领先。更重要的是,我们逐渐培养出一支勇于追求、敢于挑战、简单务实的华为消费者业务作战队伍。"三分战略七分风貌",一个团队从指挥官到基层的作战风格以及团队气质的塑造和改变,是未来能走多远的关键。

从智能手机到平板、PC、智能穿戴与运动健康、智能家居、车联网等，我们坚持围绕消费者衣食住行打造全场景智慧生活体验的战略。源于持续多年研发投入，华为平板从无人知晓到如今全球市场份额第三；PC 领域初进入即凭借多项创新而受到消费者好评，Matebook 系列在高端 PC 市场树立起品牌；智能穿戴业务 2018 年一季度以同比近 150% 的增长速度领跑行业，智能手表连续几年引领多项行业创新。同时华为在车载连接领域静水潜流，出货量现已过千万，服务于全球 15 个知名汽车品牌，实现业内领先。今年 HiLink 生态将会引入 70 多个品类 400 多款智能家电产品，HiLink 协议正在成为国际主流标准。

围绕智能家庭和智慧城市，我们完成了终端芯片从新手到局部领先的跨越，成为全球视频监控、家庭智能终端和物联网终端的主力芯片供应商。而在移动宽带领域，华为必定在 5G 上延续 3G、4G 十几年来保持的绝对领先势头，带动行业发展。在即将到来的智慧互联时代，华为将围绕芯、端、云协同，在 AI 人工智能、云服务、屏、存储、拍照、芯片上进一步创新突破，并继续高度重视、构筑智能终端安全与隐私保护能力，为全球消费者提供安全极致的、全场景智慧生活体验。

我们清醒地看到，以全行业 No.1 为目标，在零售、渠道、品牌营销、流程 IT 等领域仍存在差距，大家必须盯着最高的标杆去看自己的不足，不断创新超越。如果每个领域都能做到业界最高水平，加起来我们一定是 No.1。

华为必须做消费者心中世界第一的产品，世界第二没人能记住。

胸怀世界，开放合作，不拘一格广纳天下英才

人才始终是我们最宝贵的财富。

我们长期坚持精兵战略，希望利用世界上一切优势的资源、一切先进的工具和方法和一切优秀的人，成为领导者。

消费者业务这几年的高速发展，正得益于集团公司输送大量管理者和专家予以支持的结果。是十几万华为人"力出一孔、利出一孔"的团结拼搏，把我们带到了今天。公司在工业体系上积累的能力，也为消费者业务发展打下坚实基础。更要特别感谢华为集团的开放授权，让我们按子公司相对独立运营模式、遵循B2C行业规律开展业务，实现研发、销售、营销、服务、供应链、财经等全流程端到端管理，打造2C业务的完整流程与IT支撑体系，实现高效精细化运营，明显提升经营运作效率。作为华为大家庭的一员，我们始终怀抱共同的理想与价值理念，"以消费者为中心"成就客户，用诚信经营品牌。

坚持精兵战略，通过从全球顶尖人才聚集的战略高地持续引进优秀人才，未来华为消费者业务将形成更开放包容、混凝土式精英人才结构。我们对人才始终求贤若渴，期待每位勇敢、智慧、热血的你加入我们，并肩作战。我们这支队伍将成为世界上最有战斗力的团队！

我们始终坚信，未来3到5年，华为不仅是全球市场洗牌期能存活下来的2到3家手机厂商之一，也是未来中国手机市场洗牌期能活下来的极少数主流手机厂商之一，而且会活得越来越好。2014年至2015年为生存而战，我们活了下来；2016年至2017年为崛起而战，我们已基本实现预定目标！2018年，新发布的华为P20 Pro三摄技术带来革命性拍照体验，同时在续航、通信性能、充电速度等领域优势明显。伴随华为P20旗舰系列产品的全球热卖，我们将有更多颠覆式产品和创新技术引领全球市场。2018年将成为华为消费者业务走向崛起之路的元年。

我们因共同的事业连接在一起，在这里共同建设并感受"有温度的品牌，有温度的团队"，胜则举杯相庆，败则拼死相救。究竟是什么比物质回报更吸引我们留在这里？除了事业的机会，我更珍惜与大家这份兄弟姐妹般的情谊，能让我们心纯粹、脚踏实地一起享受奋斗的旅程。

真正能够改变世界的人，往往是心怀伟大梦想、矢志不渝、为此不断拼搏努力的人。而一个有卓越追求的团队，凝聚一群充满奋斗精神的人，是实现伟大梦想的基础。心里始终装着消费者，始终把提升消费者体验、为消费者创造价值放在第一位，敢于创新、敢于突破、敢于领先，为此不懈奋斗，已成为我们团队的DNA。而更美好的未来，一定属于拥有这种DNA的团队！

消费者业务历经十几年发展至今，一代代华为人奋斗成长、前赴后继，背后有许多不为人知的酸甜苦辣。我们把经历的成功和失败写成故事，分享给大家。

谨以此书，献给全球广大消费者、花粉朋友、合作伙伴、媒体朋友等所有支持帮助过我们的人。向所有曾经、现在、未来共同奋斗的华为同事和亲友们致敬！

做全球消费者最信赖和喜爱的高端智能终端品牌，我们使命必达。

2018年7月于深圳

为什么是徕卡？

作者：李昌竹　*　文字编辑：龚宏斌

　　有人说，手机颠覆了照相机，而我们的故事，却是和一个照相机厂家的相生相长。

　　无疑，手机的照相功能，已经成为一个必备功能。而手机与手机的比较，其照相功能如何，是一项重要的指标。各个厂家在这个领域各显其能，一时间，高像素、高分辨率、各种滤镜、光学防抖、自拍美颜、超级夜景……在提升成像素质的同时，也极大丰富了消费者的拍照体验。到哪儿，我们不用再带着重重的相机了，而只需带着一部手机，记录自己生活中每一个值得留恋的瞬间。

　　华为坚持认为，在数字时代，这个世界的本质并没有改变。正如豆腐还是那个豆腐、萝卜还是那个萝卜一样，手机照相，其成像原理、光学设计和图像质量控制的本质并没有改变。我们要让手机用户得到出众的图像品质和愉快的拍照体验，必须关注照相的本质。华为一直在思考，如何让手机复制胶片时代那些伟大的照片，让手机拍摄的照片也有"情感"和"思想"。经过一番研究，华为决定去和这个行业中最顶尖的公司沟通一下，它的名字叫 Leica（徕卡）。

为什么是徕卡？

在摄影爱好者心目中，徕卡是一个高山仰止的传奇。不仅仅是因为奥斯卡·巴纳克在 1914 年手工制造出第一台用 35mm 电影胶片的徕卡原型机 Ur-Leica，它是现代便携式相机的雏形。更是因为一百多年来，徕卡相机一直保持着卓越的品质，有多少摄影师用徕卡相机留下了宝贵的瞬间，从罗伯特·卡帕的《士兵之死》到时代广场的《胜利之吻》，从周恩来总理半身坐像到拳王阿里的出拳照片，徕卡相机始终忠实地记录着历史。

徕卡相机有着出色的光学系统。徕卡镜片的生产工艺非常复杂，除了独特的原材料之外，为了让内部应力达到均衡，甚至要花上数月的时间，让光学玻璃的温度逐步降低到可以加工的温度。徕卡所在的小镇 Wetzlar（韦茨拉尔），号称欧洲的"光学硅谷"，一代又一代的光学专家在这里潜心研究，改进设计。用徕卡相机拍出的照片，图像锐利，色彩饱和，大气沉稳，被摄主体和背景有可分离的立体感。因为镜头的解析力高，图像的过渡层次丰富，有一种特殊的油润感。

经过百年的发展，徕卡形成了其独特的产品文化。徕卡相机从不会让使用者失望，每一个细节都琢磨到极致。徕卡相机是专业技术的象征，是艺术创作的保证，是摄影师敏锐观察力的延伸。当然由于其高昂的价格，徕卡也是奢侈品的代名词。

使用徕卡相机是追求一种品位、一种文化，徕卡是为人一辈子而造的相机。

史蒂夫·乔布斯（Steve Jobs）在 iPhone4 的发布会上曾经这样说：毫无疑问，（iPhone4）是我们做过的最精密和最漂亮的产品，它就像一台漂亮的老式徕卡相机。

华为，会和百年徕卡碰撞出火花吗？

一见面就有了化学反应

第一次拜访徕卡，是在 2014 年的夏天。早在 2013 年底，华为通过邮件和徕卡沟通，表达希望合作的意愿，被礼貌地回绝了。后来又经过几次邮件的沟通，徕卡终于同意见面。

见面是从参观开始的。2014 年是徕卡的百周年纪念年，公司也搬进了刚落成的总部。总部从空中看像是一个"8"和"0"的组合，象征着徕卡的两个主要业务：望远镜和照相机。

徕卡新总部的大厅，是一个对公众开放的小型博物馆，常年有摄影师的作品展览。在这里，我第一次近距离地观赏徕卡的全系列相机，也第一次发现，原来"这些照片"都是用徕卡相机拍的。也是在这里，我第一次知道了徕卡 M Monochrom，那台著名的只能拍黑白照片的数码相机。

一楼大厅和后面的工厂相连，参观者可以透过玻璃窗，观看后面的镜头生产和组装产品线。奇怪的是，我们参观时工厂里面空无一人。原来当天下午是德国队在世界杯小组赛上的第一场比赛，所有人（除了要和我们见面的徕卡方的负责人以及徕卡当时的 CEO）都回家看球去了。可见，足球在德国人生活中的地位。

第一次见面，双方介绍了各自公司的情况，徕卡的 CEO 专门抽出 20 分钟时间来听我们的介绍。双方约定，各自向高层汇报情况，并推动下一次见面。

在徕卡短短两个小时的拜访，让我心潮澎湃。长达百年的创造优质图像的经验、始终如一的高超技术、精湛的工艺和完美的细节、专注聚焦且追求极致的企业文化，和华为的 DNA 何其相似。如果华为和徕卡在手机拍照技术上能够深入合作，将产生什么样的化学反应？

其实徕卡内部也颇不平静。虽然每年的销售还在平稳增长，虽然还保持着优厚的利润，但徕卡的高层也在思考：徕卡的使命是将优质的图像带给消费者，面对着越来越多的照片图像来自于智能手机的今天，徕卡如何把它的百年积累应用在智能手机上？为此，它需要一个战略合作伙伴，双方有相似的文化、愿景、实干的精神和极致的技术。

所以，徕卡在寻找，华为在敲门……

良缘天注定。一个是来自于中国的年轻高科技企业，一个是典型的德国百年老店，一见面便对上了眼，产生了化学反应。

双方抱着真诚合作的态度，跨过各自熟悉的领域，去理解并尊重对方的价值。高层也互动起来，徕卡 CEO 专门从德国飞到上海，和华为消费者业务 CEO 当面敲定细节以加速谈判进程。经过几轮的深入沟通和评估，最后签订了战略合作协议。这就像谈恋爱，通过沟通形成互相理解，在理解的基础上加深信任，达成共识，到最后终于牵手，水到渠成。

黎明的前夜最黑暗

达成合作协议只是万里长征的第一步。双方的目标是要通过合作，给用户带来全新的拍照体验，使华为手机的影像质量有实质性提升。从一开始双方就成立了技术专家组，分别由徕卡的 Dr.Weiler 和华为终端的 Dr.Yi 领导，主要的工作方向是光学设计和图像质量。

手机虽小，五脏俱全。除了尺寸小一点，手机拍照机构的每个部分都和数码相机相对应。但手机的光学设计，有着天然的限制：塑料镜头的光学素质距离光学镜片有差距；由于尺寸的限制，传统光学镜头的设计经验可能无法完全继承；镜头模组的加工难度较大，必须考虑生产的良率、量产和成本。所以，当徕卡专家提出镜头模组的光学设计指标时，第一个挑战就排山倒海地来了。

如何提升镜头模组的良率？

光学系统的设计在高、中、低各个频段达到均衡，才能保证图像的细节、层次和轮廓的品质。同时，徕卡专家在镜头的"鬼影"和"炫光"指标上也提出了很高的要求。鬼影和炫光是指在有较强的光线进入到镜头里，因为在镜片间多次反射，从而在视野中形成了像骷髅头一样的影子（鬼影）和点状的光斑（炫光）。绝大多数情况下，鬼影和炫光的影响要通过光学系统的设计，尽可能降到最低。当徕卡把他们的测试方法介绍给华为的专家和我们的供应商时，把大家都惊呆了。因为徕卡测试鬼影和炫光用的光源相当于投影机的光源，比我们平时用的测试光源强了几十倍。只有在这种极端的强光源下，才能彻底暴露镜头在鬼影和炫光上的缺陷。徕卡坚持把徕卡镜头的测试标准用在手机镜头测试，因为这是优秀图像的基础。

一开始的试制良率结果是令人崩溃的，每做出100组镜片，最后只能出品不超过10套符合要求的双镜头模组。我们的光学技术团队和"2012实验室"的工程技术专家们一起接受了这个挑战。事实证明，在追求极致的路上，华为人是不会妥协的！办法总比困难多，我们与供应商以及徕卡的专家并肩作战，聚焦攻克技术难题。

徕卡的专家团队多次和我们一起拜访生产厂家，一起讨论改进方案，充分发挥他们在光学系统设计和生产上的经验，指导我们如何调整镜片形状和间隔，如何考虑周边系统对光学部分的影响。在大家夜以继日的努力下，良率在不断提升，终于在预定的截止日前，达到了量产的标准。

试产时的每一批次镜头，都要拍摄大量样张做评测。有一次，徕卡专家针对一批和某 Top 品牌手机的对比样张，给出了热情洋溢的评测结果，认为镜头的素质已经达到业界一流的水准。

P9/P9 Plus 的镜头是真正徕卡品质的镜头，属于 SUMMARIT 系列（光圈 2.2~2.5）。大家可以试一下，用手机对着一个强光源拍照，几乎看不到出现鬼影和炫光，光晕柔和，过渡自然，稍加调整，就可以拍出不错的"吃光"作品。

如何拍出有徕卡味儿的照片

华为负责图像质量的专家发现，虽然双方在客观评估图像质量的测试仪器和平台是一样的，但徕卡使用的测试标准要高很多。比如，用来测试色彩还原的色卡，我们一般要求准确还原几十个色块就不错了，徕卡的标准是 140 个色块的准确还原。要达到徕卡的标准，对手机的器件、ISP 算法以及后处理都提出了更高的要求。

图像质量的测试包括颜色、对焦、纹理、噪声、畸变、动态等很多个维度，这是一个系统工程。同时，对图像的评测分为客观和主观两个部分。客观的指标是可量化、可重复的，主观的评测主要是针对有代表性的场景。华为研发多媒体部有一个专门的图像评测团队，光是有代表性的固定场景就有 100 多种，还有随机的场景。

图像测评团队，每天不仅要拍大量的样片，还会接收大量的 Beta 测试图片，分析问题。评测团队的几位同事，几乎不分昼夜地工作，不管我们在美国还是欧洲传回有问题的样片，他们都能第一时间答复，澄清问题，反馈解决方案。设想一下，每天他们面对的都是铺天盖地的问题，每个问题都要跟踪落实解决，这是非常艰苦的工作，但他们是一个真正能打硬仗的团队。作为一个过来人，在2016年1月到2月间，我每天都拿着P9样机拍照，在每次升级后，我都能感觉到照片质量的进步，在一步步向着"徕卡味儿"靠拢，靠的就是整个团队每天的坚持，不断地发现问题，解决问题，如此循环，不厌其烦。

拨云见日，水落石出

2016年4月3号，在伦敦，华为向来自全球的数百家媒体、超过1500名记者发布了P9/P9 Plus。和徕卡联合研发的双镜头拍照系统，成为发布会最大的亮点和关注点。发布会上，我们邀请了4位国际顶级摄影师，向观众展示了他们用P9拍摄的照片，并分享了使用P9拍照的心得。

4月15号，在上海，华为消费者业务CEO余承东向中国的消费者发布了P9产品，徕卡的高层以及CEO都参加了发布会并致辞。当天下午6点，P9在中国的零售店同步上市。

身边越来越多的朋友换成了P9，我也通过P9认识了很多新的

巴黎某艺术馆内，HUAWEI P20 Pro 拍摄

旧书摊（大光圈）

朋友。P9 不断给他们带来惊喜。

有的朋友发现 P9 的黑白模式超级酷，拍出的纯黑白照片特别有"徕卡味儿"。当然，P9 的双镜头中有一颗是纯黑白感光器件，不仅承担着双目深度图计算、细节捕捉、辅助降噪等功能，而且还可以作为单独的摄像头，拍摄纯黑白照片。徕卡一百多年黑白影像的调校功力，不仅用在了徕卡 M Monochrom 上，也用在了 P9 身上。

有的朋友爱上了 P9 的大光圈。P9 通过双镜头以及激光测距，能够获得被摄场景的深度图，这就使得通过算法调整焦点和景深成为可能。虽然是算法模拟，但其细腻柔和的焦外虚化效果，很好地烘托了被摄主体，使人爱不释手，回味无穷。

一些徕卡的发烧友，发现 P9 整体的操控有一种莫名的熟悉感，这是因为华为和徕卡的设计师一起设计了 P9 的操作和 UI（用户界面），很多操控菜单和徕卡 M 系列是一样的，字体也和徕卡一样，甚至按快门的声音都是按照徕卡 M 相机来调校的。

很多人有一个疑问，徕卡产品定位于高端甚至奢侈品，而华为是生产消费级电子产品的，究竟为什么会走到一起？在设计理念上会不会有很大的冲突？在 P9/P9 Plus 的发布会后，有记者向徕卡 CEO 问了这个问题，他给出很真诚的回答：我们认为华为产品本身具有 Premium（高端）的品质，不管是材料的选择还是先进技术的引入，抑或是华为在软件、硬件上的质量标准，所有这些都能够体现高端的品质和特性。徕卡是一家有着一百多年品牌历史的公司，非常注重品牌的高端性，选择合作伙伴的时候也是精挑细选，非常谨慎，但最终选择华为作为在智能终端领域长期的战略合作伙伴。

华为和徕卡，到底突破了什么？

随着手机的普及，越来越多的人用手机随时记录他们的生活，去捕捉每一个有意义的瞬间。这些照片构成了他们眼中的世界，属于他们的真实世界。人们也越来越习惯，在语音和文字之外，用影像作为人际沟通和表达自我的第三种方式。所有这些海量的碎片化、草根化的影像，构成了对世界发展和社会变迁更加多元和丰富的记录。我们在用手机拍照，同时我们也在记录历史。今天的随手一拍，若干年后就是历史的一部分，当再次看到这些照片时，拍摄者的亲历感是什么也不能取代的。

所以华为与徕卡真正突破的不仅仅是技术，而且是从手机拍照到手机摄影的升华，是从影像捕捉到情感表达的跨越。华为和徕卡的合作带给用户的是，有温度的影像故事，有情感的自我表达，有情怀的人文互动。为用户提供高品质的产品和用户在情感上达到共鸣，始终是我们追求的目标和境界。

华为手机摄影的未来，值得期待。

不掉话的秘密

作者：黄学文　＊　文字编辑：张　钊

　　这是一列从北京往上海飞驰的高铁列车，时速高达 300 多公里。一位商务人士却等不及到达他的目的地上海，在沿途的济南站就拎着行李下车了。他有一个很重要的电话会议要接入，可是高铁上信号实在太差，频繁掉话，他只能半途"弃车"。

　　2016 年，我在一个市场调研的场合遇到这位商务人士，他是京沪高铁线的常客，猛烈"吐槽"了高铁上的信号问题，引起现场许多消费者的共鸣。"为了能打电话才坐高铁的，到头来还不如坐飞机。""现在坐高铁，我尽量不去玩手机。""高铁上的信号能不能改善一下？"

　　当得知我在华为是负责手机通信质量的时候，他拉着我的手说："我知道高铁信号这事不应该由你们管，可华为做了 30 年运营商业务，现在手机又做得不错，能不能想点办法？"

　　回到公司，我跟同事们说起这事，大家态度一致：消费者的痛点，必须解决。这位消费者有一点说对了，凭借 30 年的深厚积累，华为对无线业务的理解和能力是独一无二的，加上手机研发的实力也比较强，所以尽管高铁信号不是华为负责的，但我们会用自己的方式来解决。

把高铁"搬"进实验室

我们决定就从日均客流量最大的京沪高铁线着手，终端部门联合了无线网络部门和海思芯片部门，成立"高铁通信体验提升工作组"，这是业界都鲜有的阵容。

先找病因，到底是什么原因引起高铁没信号。怎么找呢，难道我们要把各种设备搬上列车，然后所有人蹲守在高铁上？要知道京沪高铁全程1000多公里，来回一次就需一天。这种办法显然繁琐又低效，我们搬出来一件华为的超级武器——"终端通信仪表测试中心"。

这个高精尖的测试中心总计投资超过2亿元，可以向全球14家顶尖运营商提供质量认证，并通过了中国合格评定国家认可委员会（CNAS）的能力认可，获取了全球认证论坛GCF、美国AT&T、中国移动、中国电信等众多权威机构的授权资质。也就是说，我们这个测试中心的测试报告，以上这些机构是直接认可的。

在此测试中心里，有一套业界领先的虚拟外场测试系统。我们只需要去实地采集相关数据和参数，就可以利用测试系统进行高准确率的模拟，慢慢地深入分析，找出高铁没信号的问题所在。

于是终端部门的唐同学带着兄弟们出发去采集信息了。有一段时间，在京沪高铁上，如果你看见有人拿着一大堆品牌各异的手机和电脑，嘴里念念有词，不要觉得奇怪，那是华为的工程师。大家每天往返于京沪高铁上，进行了长达7天的全程不间断通话测试，带回400G的信息和掉话采样。

高铁上测试

有了这些信息,我们在实验室搭建了"高铁列车":把采集的信息输入到设备中,模拟高铁沿线可能会遇到的各种频段和制式,以及信号突然衰减或增强等场景;再用手机连接设备,这样手机就相当于乘坐着高铁,在模拟信号里飞驰。有了这套系统,就能像医院CT那样深入分析各个掉话点。

手机、芯片、无线三军会战

基于此,我们抓住了高铁信号差的最主要两种形态。

第一种形态很好理解,就是网络覆盖差,比如在沧州到德州的第N公里地段,这里属于较偏远的地区,人口密度小,加上地形等因素,信号覆盖非常微弱,列车开到这里,手机自然容易掉话。

第二种形态稍微复杂点,打电话时信号时好时坏。我先解释一下京沪高铁沿线网络现状，沿途有三家运营商的无线网络，每家网络又各自包含众多信号小区，每个小区只能覆盖一定范围，它们相互排列交叠，构成了蜂窝网络。

凭借我们在运营商业务上的积累，我们挖出更多翔实和深入的数据：京沪高铁全程大约有350个小区，"复兴号"全程运行250分钟，平均每40秒就要变更一次驻留小区，其中有三分之一的小区驻留时间在30秒以内。

我们又发现，80%以上的掉话发生在相邻两个小区之间的地段。大家可以想想，我们的手机随着高铁一起飞速向前，快速又不停顿地接收不同小区的信号，就像接力跑一样，切换小区好比交接接力棒，高铁速度越快，交接棒环节的准备时间越短，掉棒几率就越大。

可这些原因的掉话跟手机无关啊，我们要管吗？要管。我们在无线网络业务上有这么深厚的积累，与运营商有那么多年的合作，如果能给消费者以更好的体验，当然要去努力。

针对第一种形态，我们找出移动、电信、联通三类手机在京沪线的哪些地点最容易掉话，请公司的无线业务专家分别反馈给三家运营商，并讨论解决方案。有的地方请运营商更改参数，有的地方请运营商优化网络。经过一段时间合作，三家在京沪线的无线网络覆盖得到改善。这种针对网络的改善，无论你是不是使用华为手机，今后都能遇到更少的通话盲区，算是华为对京沪高铁所有乘客的一点点贡献。

第二种形态怎么办呢，它甚至都不是运营商能处理的问题了。我们想了一个办法，把网络问题转化到手机端来解决。为此，我们希望在手机芯片里新增一个功能。华为自身有强大的芯片实力，我们对于问题的解决自然充满信心。根据我们以前和海思芯片部门合作的经验，只要是真正能提高消费者体验的需求，他们都会非常快速地投入战斗。如果芯片不是华为自研，而是其他厂家提供，芯片的更新迭代、问题的沟通解决可能会是漫长的战事。

  我们和海思芯片部门一起，一轮轮地沟通研讨，一个又一个方案的提出、PK，最终选定了提前识别切换区域的方法。这个解决方案主要用到大数据技术，我们对沿线每个小区的海量信息都分析过，知道手机在不同运营商的哪些小区里表现更好。而且手机是"活"的，但路线是"死"的，比如这里有五个信号小区，那里有六个信号小区，较长时段内不会改变。当高铁即将驶入这个地段，手机自己会预先识别，这里有几个小区，"我"在哪个"小区"的信号最好，一旦正式进入该区域，手机立马切换到信号最佳小区，如此就能顺利实现交接棒，不掉棒，不掉话。

开发团队

通信版"世界之窗"

凭借海思芯片的高效研发,我们很快就把方案落实了。落实后,还得验证,现实环境下真的有效吗?那是要把大量的手机和沉重的设备都搬上高铁吗?

不是,我们首先在前面提到的虚拟外场测试系统中模拟高铁验证,确认有效后,再使用另一件超级武器——终端和无线的联合测试实验室。

这个联合测试实验室占地数千平方米,很多设备都是一台几百万元以上,总投资过亿。它包含几百个实实在在的真实无线基站,有上千个信号小区,覆盖全球各大运营商的 2G、3G、4G 各种通信制式,并且能构造商务区、居民区、高铁、机场和体育场馆等不同

实验室一角

测试团队

用户使用场景。也就是说,各种主流运营商的各种真实使用场景,都被我们搬到了华为,成为了通信版的"世界之窗"。

  该联合测试实验室的结果证明了我们的解决办法是最佳方案,但是华为的测试验证是严谨的、繁琐的,最后还必须真真切切地到高铁上去验证。唐同学再次开启了他的高铁旅程,带上 Mate 10 系列、各友商的多部手机,来回坐了一周高铁,测试里程达到了约 40000 公里,几乎绕赤道一圈。测试结果,Mate 10 系列表现最佳,只有少量没信号情况下的掉话,因为手机原因导致的掉话一例都没有。

  需要特别说明一下,我们在解决高铁信号问题时,恰逢 Mate 10 系列正在研发阶段,所以高铁不掉话的解决方案顺势落实在 Mate 10 系列上,从该系列手机开始往后,相信华为手机在高铁上都能有良好的表现。同时,我们暂时解决的只是京沪一条高铁线,不过由于高铁已成为交通大动脉，消费者对高铁的需求日益增长，接下来我们会把解决方案扩展到更多的高铁线路上，事实上，这个工作正在进行中。

其实，华为手机的通信水平不只体现在高铁不掉话上。就在2017年，我们Mate 10 Pro创造了世界上手机最快网速的纪录——1.2Gbps，要达到此纪录，需要终端—芯片—无线网络的系统配合和全面升级，三项都要达到世界一流水平。当然，1.2Gbps是在最理想的实验室环境下、使用最理想的手机才能达到，需要运营商投资建设更好的无线网络，普通消费者暂时还体验不到这样的极速。

但大家能真切感知到的是生活中的方方面面，比如通话的质量好不掉话、上网速度快、飞机刚刚落地时手机搜索网络的速度快、春节抢红包的速度快等，在同等网络条件下，华为手机都是表现最好的。最近，中国移动和中国电信相继发布报告，通信能力方面，Mate 10系列旗舰机获双料冠军，我们感到非常荣幸，也觉得实至名归。

后来，我又碰到了开头那位"吐槽"高铁信号的消费者，他表示现在京沪线的信号有了明显提升，很赞赏华为这种主动"揽事"的举动，并问我们是怎么做到的。我回答他："因为通信是华为的看家本领，终端、无线、芯片的'端管芯'协同，在手机、芯片和无线业务上都很成熟的，举目全球，唯有华为一家。"

让你"看"见整个世界

作者：崔擎誉　*　文字编辑：江晓奕

我在华为工作 5 年了，作为华为终端的一分子，看着 EMUI 从 1.0 版本发展到如今的 8.0 版本，性能越来越优，体验越来越好，我也觉得特别骄傲。

这些年来，我们创造过许多的第一次：指关节截屏、极简桌面、亲情关怀……每一次 EMUI 的优化，都是为了离客户更近。而我们这一次，是为了一群看不见世界的人。

我们的小目标：为视障用户定制一个特性

"我是一位视障人，希望华为重视信息无障碍，让国内所有视障人士也能有使用华为手机的权利"，2016 年，千名视障者联名在华为花粉论坛发帖，呼吁华为重视和提升信息无障碍体验。此帖引起了华为手机规划部门的高度重视——似乎我们的手机系统从未考虑过这样的特殊人群。

通过数据样本以及大量的市场调研，我们发现，原来仅中国就有 7000 多万有读写障碍的人，他们中 92% 都在使用安卓手机。在国内,虽然好几家手机厂商都涉猎过这个问题,但尚未有一家手机厂商为视障用户深度定制过。

如果让这样的用户群体也能方便地使用华为手机,这将是一个很有价值的平台特性。于是,针对视障用户的 Top 诉求,EMUI5.1 制定了一个小目标:做好信息无障碍,为他们连接世界!

走出去,才能听得到最真实的声音

能够发芽长大的,都是顶破了泥土的,但在冒芽之前,却总有一阵茫茫不知的困难期。

我们没有专业的无障碍设计工程师,也没有无障碍相关特性的开发测试经验,国内甚至还没有相关标准。我们设计的信息无障碍会被用户接受吗?

"我觉得播报太麻烦了,进一个界面都要听半天,太不好用了吧?"UX 设计师这样说。"如果搞得简单了,不理解怎么办?"测试代表又提出了新的质疑。类似的标准讨论我们进行了三四次,但谁也不能完全说服谁,大家如同被蒙着眼在迷雾中穿行。

既然封闭的会议室里难以得出真正的需求,那我们就走出去,找到这个领域的专业人士或者去接触真正的无障碍用户吧!于是,"信息无障碍研究会"作为唯一一家民间、由信息无障碍专家团队组成的机构引起了我们的注意。多次电话交流之后,我们决定亲自去看下无障碍工程师能不能为我们解惑。

到了现场,我们一行 4 人都被惊呆了。难以想象,在布满盲道的办公区,坐在电脑前头戴耳机、以超快手速和准确率写代码的人,是一个个靠着电脑的语音传输和自己的反应操作电脑的盲人。我们受研究会董事邀请，进行了操作体验，却发现处于黑暗之中的自己根本无能为力，巨大的语音信息量扑面而来，信息似乎就在脑海里坍塌。那一刻，我们心里只剩下对这群视障 IT 工程师的震撼和敬佩，同时也坚定了我们要为视障人群打造一个好用特性手机的决心。

零经验没有标准？那我们就创造标准

当他们开始演示和某联盟合作过的产品，清晰地告诉我们每一个设计点的原因时，我当场就认定无障碍基础体验是共通的，不区分产品、平台，就像手语一样，可以建立起一套信息无障碍播报标准，包括研发设计规范、测试规范等。

可真正实施起来，千百个问题随之涌来。"每时每刻都有大量信息需要传递，语音播报会不会太慢了？""一个简单的操作就要听半天，会不会影响他们的生活节奏和心态？"研究一开始，同事们就提出了这样的疑问。

我们带着疑问又来到信息无障碍研究会时，办公桌前的无障碍工程师微笑着和我们说："没那么难，要不我们试试看？"我们模拟了上淘宝购物的场景，只见在连续不断的语音播报下，他以不输常人的速度轻松就完成了。

这让我们意识到，视障人士拥有极为敏捷的声音收集和转化能力，而准确丰富的文字播报，正是他们需要的。但是我们必须不断调节语音播报的速度和复杂程度，了解对于他们什么是必须的，什么样的语言顺序更有助于他们的理解，并在此基础上不断丰富，提高准确度。

正是对于这些问题的细化思考和深入研究，我们制定出了华为首个信息无障碍播报标准，为后续开发奠定了良好基础。

去盲人按摩店找改进点

可是，有了标准，一切就能水到渠成了吗？这只是播了种，能不能激活种子，还需要进一步地实践推进。

信息无障碍标准是基础，承载、适配却是整个系统和应用。一方面，我们和信息无障碍研究会建立了联合测试的策略，以他们多年的无障碍工程师的经验，帮助我们反复评测每一个迭代版本的无障碍体验评分。另一方面，我们找到了20多位真正的视障用户加入我们的版本Beta（公测），零距离倾听需求。

除此，攻关的那段日子里，我和特性经理还经常利用下班的时间相约一起去盲人按摩店，访谈视障用户对安卓手机使用的诉求，挖掘潜在的用户体验。

"你最想我们的手机能实现什么功能？"我们问。

"当然是输入正确性，这对于我们来说太难控制了，比如'他她它'不分。"至今我还记得那个盲人小伙说这些话时脸上犯愁的表情。我们从按摩店回去后，就把语音播报细化到了"他她它"识别。当我们第二次找到他，让他听手机里传来"男的他，女的她，动物它"的声音时，他脸上露出了灿烂的笑容。

就这样，每一次和盲人的沟通都会给我们带来新的灵感和启发，特性的优化打磨也在一次又一次的探路中，更加明确。

3600小时的开发，7000次的联合测试，200次的反复调整，这是在信息无障碍发布后得到的数字。罗列数字简单，回望过程却热血沸腾。我时常想起那天，信息无障碍项目做成时大家的鼓掌声、

作者本人

欢呼声，这群平均年龄 25 岁左右的青年人，看着种子终于破土发芽，像 3 岁孩子般高兴得手舞足蹈。

最骄傲的事

2017 年，P10 手机发布会上，信息无障碍 Talkback 作为 EMUI5.1 的卖点特性闪亮登场，赢得了媒体一片好评。熟悉的盲人按摩师欢呼雀跃，对我们说："太棒了！就知道你们能行！"这句话也成了对我最大的嘉奖。

我从 Android 还未完全盛行时便加入了华为，从参与开发 EMUI，到 P1 在手机界初露锋芒，再到现在的信息无障碍项目，没有哪一次

Idea 是不经历各种思想碰撞就诞生的,这个过程中有面红耳赤的争辩,有反反复复的讨论,还有脚踏实地的调研。有过放弃的念头,但一想到用户的期盼,不断念着"Make it possible"("会成功"),我们又热血澎湃,满血复活。

最骄傲的莫过于看到自己设计开发的特性在华为手机上的应用,并服务于上亿用户!这一刻,我觉得敲下的每一个代码都充满了意义。

下一个传奇,我想,就在不远的地方。

长跑没有终点

作者：何　刚　＊　文字编辑：龚宏斌

2011 年 11 月 5 日，我正在日本出差支持无线拓展项目，老余（即余承东）突然给我打了一个电话，"何刚，你来做手机吧……"我完全没有预料会接到这个电话，一开始一愣，但让自己吃惊的是，我竟然没有半点犹豫就同意了，爽快地说"好"。后来我回想，当时那么爽快回答老余，可能是自己内心最直接的渴望——做全球消费者热爱的产品，让我充满期待。

一、坚持高品质，给用户高标准的体验

华为从 2003 年开始做手机，之前一直做的是运营商定制机，所谓的白牌机。消费者看到的是运营商品牌，看不到华为。2011 年底，终端三亚会议决定做华为自有品牌手机，聚焦做精品，并且开始尝试中高端手机。刚开始的时候，外界包括很多客户不理解也不相信华为自有品牌战略能成功。

的确，华为手机的基础很薄弱。我刚到手机产品线时，有一个周末到深圳的"华强北"走了一趟。"华强北"可以说是中国电子消

费品的晴雨表，谁强谁弱，在几百米的"华强北"逛一圈便知。那天我从南走到北，再从北走到南，来回几趟，连华为Logo都没看到几个，更别提华为手机了。当时一方面有点小失落，一方面深感自身压力很大，同时又充满斗志。这绝不是华为手机应有的地位，一定要改变这个局面。

我之前一直在无线产品线。二十多年来，华为无线以强大的研发投入，以最具创新和高品质的产品和解决方案，赢得了客户的信任和支持，取得了全球第一的市场地位。我认为，华为手机也一定是极致创新的高品质产品，在用户体验上一定是高标准的。我们宁愿增加一点成本也要把体验做得更好，不能为追求便宜而牺牲消费者体验。在华为，如果有10美元，是投在产品研发上，还是投在营销上？华为一定会选择投在产品研发上。这是华为的品牌内涵和基因。

华为的执行力很强的，想明白了，就撸起袖子干。第一款旗舰机是P1，为了体现华为的追求，我们把P1定位为全球最薄的手机。围绕薄，做了很多工作，选最薄的屏，全新设计电池和手机架构。由于设计得太薄，导致天线性能无法达到要求，想了很多办法，最后只得把手机尾部做厚来容纳天线。万万没想到，尾部拱起来之后，手机反而有了曲线美，很多人惊呼性感。这款极致纤薄的P1手机得到了市场的初步认可。

D系列面对的是商务人士，强调更极致的性能，率先使用了四核处理器。但由于产品定位和对目标人群理解不深，产品做得不够极致，从D1到D2，都不成功。大家反思以后，围绕商务人士的痛点，基于D系列做了Mate系列，用6英寸大屏、4000毫安时的大电池等，通过Mate 1和Mate 2我们开始摸到门道，也为Mate 7的成功奠定了基础。

2014 年开发 Mate 7 时,遇到一个很大的挑战。Mate 7 是第一款一键式指纹的全金属架构手机,在考虑了一系列的性能、体验、续航、散热、架构后,大家评估出电池容量只能做到 3700 毫安时,比 Mate 1 和 Mate 2 的 4000 毫安时要低。我们无法容忍已经形成口碑的大容量电池打了折扣,所以给研发下了死命令,必须在不牺牲 ID 和其他性能的前提下把 4000 毫安时的电池放进去。螺蛳壳里做道场,我们通过调动最优秀的架构团队集体攻关,最终保住了 Mate 7 极致的 ID,也保住了大容量电池、指纹、天线性能、音频、散热等内在性能,获得了消费者的热捧。再后来,华为在 5.5 英寸曲面屏的 Mate 9 Pro 上,也做到了 4000 毫安时。

我们认识到,手机业务的成功,产品竞争力是第一要素。产品是一切的龙头,如果产品是 1,品牌、营销、渠道、零售等则是后面的 0。只要有了优秀的产品,后面的 0 才会有价值。产品一定要瞄准目标人群,洞察他们的需求,解决他们最关注的问题。消费者需求是动态的,至少提前一年,产品就要做好规划。这相当于是移动靶射击,只有在规划阶段感觉一年后能超过预期的产品,上市时才可能成功。同时,产品规划出来后,研发还要具备引领行业的能力,能够把产品做出来,否则我们对某一款产品能不能成功总是没有把握。为了手机业务的持续发展,我下定决心,一定要把端到端的能力建起来,让成功从偶然变为必然。

二、平台和共享,把核心能力建起来

调整阵型,加强共享

华为要做好手机,自己一定要构建核心能力,不能只依赖于供应商。我们是有过经验教训的。早期在研发手机时，由于缺乏核心能力，自己好多很好的想法和设想，就是实现不了，只能受制于人，难以取得领先。

核心能力怎么建？靠小舢板是无法跨太平洋作战的。早年的华为手机研发队伍就是近百条小舢板。一年要研发近百个产品，每个产品经理手下各有十几个研发人员，不仅各自为战，无法形成合力，有时候还相互竞争，无论是关键元器件还是软件功能都没办法拉通和继承。在智能机开发的初期，各个手机产品之间连用户界面都不一致，让用户很不适应。

在公司的支持下，我们采取的第一个动作是，先砍掉客户定制产品，产品数量大大减少，把释放出的资源投入到其他关键产品上，同时调整组织，强调共享，把小舢板捆绑在一起总要比单打独斗强。我们逐步把散落在各部门的研发力量整合起来，开始构筑统一的规划、ID、架构设计、多媒体、音频、通信、电池、软件等专业团队，能力一点点积累起来。同时，坚持压强原则，把资源投放在最核心的地方，把能力的价值发挥到最大。

比如，为了构建统一的用户体验，我们将分散的软件人员整合到了软件工程部，并引入公司一大批主管和专家开始了软件的能力建设。2014年，我们在EMUI3.0全面统一了UI（User Interface，用户界面）的设计。之后，又瞄准了手机卡顿这个业界难题，开展了持续一年多的攻关，引入人工智能深度学习，联合海思设计智能的硬件资源调度方案，大胆采用全新的文件系统，克服无数难题，实现了"天生快、一生快"。

拍照是手机上最关键的功能之一。组织整合后，我们在双摄上取得了领先优势，拍照能力取得了一些进步。为了实现能力跨越，

与学生一起玩自拍

我们找到了徕卡公司。双方经过将近一年的深入交流,决定先合作镜头设计技术。大家都知道徕卡是德国工业高标准的旗帜之一,按照徕卡对镜头的要求,即使业界领先的手机镜头模组制作厂商一开始的良品率只有5%左右。怎么办?华为就和合作厂商一起攻关,最后良品率提高到了90%以上。同时华为自己成立算法中心,通过算法大大提升了色彩的效果。这种合作和自研的结合,让华为在拍照上快速构建了优势,把智能手机的拍照带入艺术摄影的殿堂。

大家可能对2018年3月底在巴黎发布的P20系列印象深刻。P20 Pro不仅在架构上非常极致,在非常纤薄的尺寸下放入了一个

4000毫安时的大电池，在颜色上开创性采用了极光色这种非常独特的渐变色，还首创徕卡三摄，专业摄影评测机构DxOMark给出109分的最高分，被多家科技媒体评价为最值得购买的智能手机和年度最佳智能手机。

通过调整研发组织，汇聚资源，瞄准手机业务的关键技术领域，构建起能与全球领先厂家唱对台戏的作战队伍，并通过一次次的竞争和厮杀，不断提升自己的能力，让我们有信心能持续超越。

坚持投入，敢于投入

在终端三亚会议后，我们不断在开发、测试、制造、器件等各领域瞄准行业最高水平不断加大研发投入。

今天，华为建立了超大规模自动化测试实验室，拥有上万部手机，实现远程控制，也可以按测试的场景化需求按需分配；利用我们三十多年在通信上的经验、技术积累，把全球主流运营商网络搬进了实验室，模拟真实网络的线路和信号特点，系统测试手机的通信性能；建立了真正的大话务量实验室，可以7×24小时不间断进行大规模测试，提前发现问题。从架构、仿真、老化、显示、通信、电池到声音和照相等各个子模块系统，都实现了自动化测试和验证，使手机质量及性能得到更有效的保障。

早期华为消费者业务盈利能力不高，但我们认识到，不能为了追求短期的商业成功而放弃芯片，如果不在芯片上投入，核心能力建不起来，就会受制于人。因此，坚持投入研发自己的芯片，曾经的K3V2被用户骂得很惨。特别感谢消费者的包容和支持，这才有了现在的麒麟芯片，使得我们能自主实现很多设想，如芯片上实现安全锁、降低能耗提升电池的续航能力、人工智能等。

今天，我们依托华为在全球的研发中心，在法国组建了美学研究所，在美国、日本、俄罗斯、德国、芬兰等地建立了能力中心，利用全球智慧解决一些难题，比如用户特别关心的拍照体验，就是由芬兰、日本、俄罗斯和中国的专家联合攻关的。敢于投入，坚定不移地利用全球优秀人才和领先技术能力来构建华为手机的竞争力，是华为长期坚持的战略。

提升端到端能力

手机产品线是一个端到端的组织。我们不仅要做好规划和软硬件开发，而且还要做好消费者洞察、产品交付计划、生产和供应、销售支持和服务。

消费者洞察是对消费人群的深入分析，通过人群细分来定义不同的产品满足不同人群的需求。Mate 系列和 P 系列的成功都是深入洞察和满足消费者需求的结果。我们发现，华为手机女性用户比例比较低。通过消费者调研和对市场的深入分析，我们建立了 nova 子品牌，重点面向女性和追求潮流的年轻人群，产品重点聚焦在他们最关心的自拍和颜值上。通过几代产品的不断努力，nova 品牌的"高颜值，爱自拍"已深入人心。手机产品线还建立了营销支持团队，在产品规划开发阶段就与研发一起深入理解产品，从消费者体验和营销角度发掘产品价值特性，形成面向全球的营销特性，支持全球做好营销，加强与消费者的沟通。

产品供应和交付其实是手机业务很关键的一环，可以说是临门一脚。产品规划和开发就算非常成功，但如果发不出货，一切都是"竹篮打水一场空"。在最初的几年里，华为经常在"刚上市时缺货——紧急提拉供应时人仰马翻——物料终于齐套了则成为库存要清库"

这样的恶性循环里。而且产品不能全球同步上市，经常是国内上市三四个月了海外才上市。通过不断学习，优化产品计划，提升可制造性，不断提高制造效率，最近两年已经做到产品发布即全球上市，单月单一新产品发货量可以做到超过200万部。

在过去几年时间里，我们不仅打造出华为 Mate 系列、P 系列、nova 系列、畅享系列和荣耀品牌等数款优秀产品，并且通过提升计划和供应链的交付能力，智能手机发货规模从 2011 年的 2000 万部到 2017 年的 1.53 亿部，2018 年有可能挑战 2 亿部发货。

三、坚持"以消费者为中心"，开放合作实现共赢

"以消费者为中心"，永远是我们的法宝

华为总裁任正非说"终端竞争力的起点和终点都是消费者"。手机市场变化快，消费者需求多，新技术层出不穷，竞争非常激烈，对渠道和品牌依赖很大。要想取得成功，必须洞察消费者，深入理解消费者的显性或隐性需求，用最好的技术和解决方案满足甚至超越消费者需求，构筑良好的端到端消费者体验，包括产品体验、购买体验和服务体验，一个都不能少。

为了让团队时刻关注消费者端到端体验，我们开展了站店活动。每个管理者和一定级别的技术专家，每年必须到销售和服务一线，做促销员或者服务维修工程师，直接服务消费者。为了避免忽略售后，要求各个主管每个月必须亲自服务一位投诉的客户；同时，我们还要求主管实名开通微博账号，直接与消费者互动沟通，随时随地倾听消费者的需求。2014 年，引入 NPS（Net Promoter Score，净推荐值）指标牵引大家关注用户体验，找到用户反映的 Top 问题。我们还专

门建立了一套 VOC（Voice of Customer）用户声音系统，将用户的意见和建议纳入 IT 平台，指引各项指标的改进。

为了更加贴近消费者，我们成立了面向用户的组织，包括用户调研团队和区域产品中心，让手机的设计更贴近当地消费者的使用习惯和体验；为了让自拍效果更佳，成立了专门的自拍体验小组，测评手机的自拍功能；还组建了抢红包、高铁不掉话等几十个专项工作组，持续改进功能，满足消费者不断提升的期望。

开放合作，把世界握在"手"中

手机已经不再只是一部手机，它同时也是一部相机、随身听、收音机……更是一台电脑。现在一部手机的计算能力已经远远高于几年前的电脑，但是体积小很多。华为是一个后来者，要想在这片丛林里突围，不能关起门来单打独斗，必须左手坚持突破式创新，右手捆绑世界优秀。

大家都知道华为和徕卡在拍照功能上的合作。继徕卡之后，华为和保时捷、潘通、杜比等行业领头羊展开了更多跨界合作，将各个领域最优势的能力引入到手机中来。外观工艺、材料、色彩、声音、图像等，都在与行业领先的合作伙伴进行合作。我们始终认为，只有开放合作，才能进步更快，才能集全球优势资源，给消费者以最好的产品和体验。

很多人曾问我，华为手机这些年的快速进步，是偶然还是必然？这真的很难回答。如果说早些年华为手机，一款产品成功也许是偶然，但现在我们推出的每款产品都得到消费者的认可，那就不是偶然了。任总曾经说过，成功不是未来前进的可靠向导。谁都无法保证自己永远成功，华为也是。华为致力于把数字世界带入每个人、每个家庭、每个组织，构建万物互联的智能世界，这是一个没有终点的长跑。为了跑得更久更远，我们还须加倍努力，谦虚地面对消费者，坚持做全球消费者最喜爱和信赖的手机品牌。

2018年华为手机全球发货量突破2亿部

从偶然到必然——Mate 背后的故事

作者：李小龙　*　文字编辑：张　钊

　　Mate 系列，是华为目前比较成功的手机系列之一，可很多人不知道，在问世之初它并不如人意，我们也遭受了很多质疑和挫败。但我们自始至终秉承一条信念：紧紧瞄准消费者最迫切的需求，并为此来打造 Mate 的 DNA。我们相信，做好了这点，Mate 就一定能成功，需要的只是时间和机会。5 年时间，Mate 取得了如今的一点成绩，当然一路走来是曲折蜿蜒的，我现在来讲讲背后的故事。

华为要做旗舰机

　　故事是讲 Mate，我却想从 P1 说起，对公司和个人而言，P1 都标志着从零到一，第一款华为品牌旗舰智能机，从之前以运营商定制联合品牌为主转向打造华为自主高端品牌，这是一个划时代的转折。

　　2011 年的华为，市面上销售的只有中低端入门智能机型和一些功能机，刚调任消费者 BG 的余承东提出打造自己的旗舰智能机。之前一直在负责功能机的我，被领导从西安召回上海，负责打这头一仗。一下飞机，我就买了各友商的旗舰机一探究竟，那时我和团队对智能机认知都很有限，我上一款使用的智能手机还是Windows Mobile平台的产品，对刚上市的安卓系统一无所知。

我们紧急向其他负责智能机的团队学习和补课，对产品略微有些想法后开始着手规划华为第一款旗舰智能手机P1，当时的想法非常朴素，瞄准友商已经上市的旗舰机，把所有能用的最领先的技术都用上，给消费者以全方位顶级体验。于是，手机造型、处理器、平台、内存、摄像头、结构件、电池等环节，都选用最好的方案，整机架构也按照最紧凑、最激进的方案设计，P1成为华为当时使用新器件最多的手机产品，产品开发难度之大也远超过我们的想象，最终产品上市时成本也超出了预期不少。

2012年，我们满怀信心迎接P1上市，第一款在产品上领先业界的国产机。结果市场反应不啻当头一棒，全球总共也只销售了几十万部，销量根本无法与友商竞争，比华为自己的中低端智能机也差了不少。

从期望到失望，只能阿Q式地安慰自己，第一次做，算是试水吧。可必须反思，做手机不能只考虑产品规格，不是说把所有先进的技术堆上去，就一定能成功。还涉及方方面面的能力，比如品牌能力，P1的定价是2999元，在当时国产手机里是最高的，可消费者对华为手机品牌还停留在"办宽带送手机"的阶段，多数人不会愿意掏3000块钱买华为P1。再比如零售能力，那时我们刚从2B市场转向2C市场，由于品牌认知度差，大部分的手机卖场都不屑于和华为合作，哪里像现在这样大街小巷到处都是打着华为Logo的店面，一直到P1退市，都没能成功进入国美和苏宁销售。记得那年终端公司开始搞全员站店活动，我作为P1产品负责人，站的几个店面竟然都没有 P1 可卖，太尴尬了。

不过无论如何，吸取了经验教训，华为旗舰机算是启航了，大家都在展望着未来的成功。

一款只为养家糊口的产品

谁料，成功竟遥遥不可期，之后的近一年里，多款高端机接连折戟，真是屡败屡战、屡战屡败啊。团队压力极大，士气降至谷底，"为什么我们老是做不好？"挫折感在弥漫。还有现实问题，再不做出能挣钱的手机，团队就要揭不开锅了。

好吧，这种情况下，需要开发能养家糊口的产品，于是低调地开始孕育 Mate 1。当时每年手机屏幕尺寸都在小幅增大，我们能否一步到位，直接设计出适合人手握持的最大屏幕手机？另外智能手机带给消费者的最大痛点就是电池不耐用，超大屏幕、超强续航手机在当年还是一个空白，我们紧扣这两点，主打"6.1 英寸大屏"卖点。除屏幕和电池，其他规格和器件满足消费者需求就行，尽量选择成熟器件，严格控制整机成本。

产品出来后，线上和线下两个销售团队都想卖这款产品，因为大屏确实是当时独一无二的细分，产品卖点非常显性。但两个团队又都有点信心不足，因为之前我们的几款手机都销售欠佳。在各种犹豫不决中，管理团队决定把产品按照内存大小拆成两个版本，线上线下同时销售，可操盘上难以协同配合，两个团队你有你的口号，我有我的 Slogan，经常要协调各种冲突。备货的节奏也没控制好，前期销售火爆但备货不足，等准备的物料到货后，产品已经卖不动了。那时华为手机整体体量小，第一代 Mate 的销量虽不算优秀，倒也还算及格,但多出的物料(主要是长货期的电池和屏幕)就把之前的利润全部搭进去还不够赔。

仓库里有这么多库存的屏幕和电池,必须想办法消耗掉。我们被迫开发了 Mate 2。卖点依旧是超值大屏,不过这次使用了华为第一代内置 4G 通信能力的 SoC 芯片麒麟 910,当时在业界也是领先的。但 Mate 2 整机竞争力不足,销量依旧不温不火,把两代手机打包综合起来看,经营上只能算盈亏平衡。

然而我们都没想到,这不算成功的前两代手机,竟为 Mate 找准了今后的方向。在智能机普遍续航能力不足的年代里,Mate 1 和 2 拥有大屏还能保持强大续航能力,让消费者惊喜了一把,我们也收获了第一批 Mate 粉丝。这批消费者的用户画像很清晰,后面我会详细说到,他们的需求就是产品方向,为 Mate 7 的爆发奠定了良好基础。

一切为了 Mate 粉丝

2013 年一次例行会议,负责工业设计的同事拿出一款新的手机模型,我顿时眼前一亮,全金属外壳、超大屏幕,整体感觉低调又大气。我的心里颤了一下,这就是我想要的产品,对,Mate 7 的雏形。基于这个设计原型,我们开始规划下一代 Mate 手机。

前面提到,Mate 1 和 2 为我们攒下千金不换的财富——一群忠实的消费者。通过用户调研,我们可以这样描述他们:多是职场精英,事业上小有成绩,看起来些许风光,可是压力山大,上有老下有小、有房贷有车贷,职业上正值向上突破的当口。

他们对手机的要求是什么?经常用手机办公,希望能有更大的屏幕,因为重度使用对手机的续航性能非常看重,他们会因为大屏幕和长续航而对Mate产生好感,这两个优点我们要保持;手机是生产力工具,高性能就必不可少;因为屏幕大机身设计必须要紧凑,屏占比要大,外观要显得稳重,符合职场人士的身份定位。

于是,代号Jazz的手机研发项目正式启动。大屏、续航好,Mate系列一贯强项,不必多说;为了高性能,我们采用华为最新自研麒麟920芯片,这也是第一次在处理器方面真正领先竞争对手;为了让机身紧凑,我们绞尽脑汁调整布局,大家甚至一度想把摄像头移到手机下方,这样整机长度能缩小2毫米,可思来想去,用户自拍时从下往上的角度会让脸部变形,严重影响用户体验,放弃。

此外,还有一触指纹解锁的全新功能,现在看来可能不叫事,可5年前市面上还没哪款手机这么设计(当时iPhone 5s还没有发布,其他支持指纹的手机需要先按电源键然后滑动手指),也没有成熟的指纹芯片供应商。是否要指纹在当时产生最激烈的分歧,"功能鸡肋!成本高,还无缘无故加大手机尺寸!""多实用啊!肯定是爆款!"一时争执不下。我是支持指纹解锁的一方,我描述了这样一个场景,你上了一天班,身心俱疲,想给父母或妻儿打个电话,可这时你发现,还要先输入一个"该死的"密码,多么影响心情啊。

一个小故事当然没有那么神奇的功效,不足以立马说服反对者,但我们决定指纹一定要做好,后来把指纹解锁前置还是后置也产生了不小的分歧,我坚持要把指纹放在手机背后,因为大屏手机的外观尺寸至关重要,后置指纹可以不增加手机尺寸,还方便消费者使用。后来的市场反馈证明,背面指纹解锁是受到热捧的原因之一。

当然,这并不是一款十全十美的手机,基于成本上的考量,不能方方面面都使用最好的器件。我们把各项成本一条一条列出来,舍弃哪个都很心疼,可刀子必须狠心下。最终,在摄像头上没有舍得大投入，当时的考虑是，职场人士对拍照应该没有那么高的要求。

就这样，新款手机各项规格一一确定。与前两代不同的是，我们在定义规格时，方向非常笃定，就是朝向目标用户的关键痛点一一解决，也因此我们对它很有信心。

在产品上市前的操盘决策会上，好多人反对这款手机叫 Mate 3，原因是 Mate 1 和 Mate 2 都销售欠佳，渠道商对 Mate 系列没信心，沿用 Mate 的名称很可能依旧卖不好。有人建议改叫 D 系列，有人建议叫 X 系列，会上甚至已经决策通过叫 D7。眼看就要跟 Mate 系列不相干了，会后我找各位领导逐个说服，我的理由很简单，Mate 是伴

HUAWEI Mate 7 柏林全球发布会现场之一

HUAWEI Mate7 柏林全球发布会现场之二

侣的意思,这款手机不需要用户经常担心它电量够不够、会不会卡机,让用户省心,是忠实的伴侣。沟通之后,我们给新一代手机最后命名为 Mate 7。这算一个小插曲吧,Mate 系列差点就"二世而亡"了。

2014 年,险被腰斩的 Mate 7 终于要上市了。

爆款,意料之外,也意料之中

"小龙,你们预计 Mate 7 能卖多少?"手机上市前,其他团队的兄弟问我。

"120 万部",报出这个数字,我还是咬了咬牙的,能卖个八九十万部,就已经是大大的翻身仗了。Mate 7 从产品角度来说算是业界领先,可屡次失败的经历早教会我们,手机卖得好不好,产品好的竞争力是必要条件,但不是充分条件。

当发布会上标配版 2999 元、高配版 3699 元的定价宣布时，台下一片寂静，还没哪款国产手机敢突破 3000 元，很多人表示质疑，认为华为的品牌能力不足以支撑超过 3000 元的手机，认定它会延续 Mate 系列的失败传统。

距 2014 年结束还有 4 个月，中国区各代表处集中上海开动员会，要认领未来四个月内能销售多少部 Mate 7。国内最大代表处的同事上台，伸出一根手指，"一万部"，我的心都凉了，最大的代表处，只敢认领这么一点，是对产品多不看好。可这时还有其他代表处的同事在底下喊，"这么多，兄弟你悠着点啊。"

后来我还看到一位负责维护华为商城的工程师的文章，他写到，在新款手机上市前，很担心销量太好，把在线商城挤垮了，后来获悉定价，心中石头才算放下，这个价格应该不会对华为商城产生太大的流量冲击。

在一片怀疑中，我再次审视了我们最初的逻辑。一，从产品角度，手机谈不上各方面都顶级，但绝对属于领先产品，且优点突出。二，手机定位非常准，牢牢抓住特定消费者的痛点，而且这些消费者的影响力、口口相传能力很强。三，产品和品牌能力确实应该匹配，但做一点挑战、"产品定位向上够一够"是可以的，我们还算稳当，没有冒进。四，经过这几年的积累，华为的操盘能力已经有了较大提升，营销、渠道、零售等方面已不是当年所能比拟的。

把这些前前后后反复梳理了无数遍，把 Mate 7 生命周期的备货量全部压到前三个月，如果销售好，后续还有提拉的机会，如果销量不达预期，也不至于产生恶性库存，接下来就等待吧。

产品上市仅一周，全国各地就传来 Mate 7 已经售罄，要求补货的消息；那位华为商城工程师的文章还有后续：看着华为商城抢

HUAWEI Mate7 获胡润百富 2015 年最佳智能手机新品奖

Mate 7 的流量一天比一天多,心里有点发毛,赶紧采取措施防止服务器瘫痪。

第二周后,已经一机难求。我们过去难以进入的店面,现在纷纷主动找来要求合作,设置华为专区专柜,门店主动加上华为的 Logo;许多卖手机的店面,门口挂个小黑板,写着"Mate 7 有现货",作为招揽客户的手段;我们团队小伙伴们的失散多年的同学旧友,都突然恢复了联系,上来就是一句"能不能帮忙买到 Mate 7"。

最终,Mate 7 的销量超出所有人预期,也包括我和团队成员。这针强心剂来得太及时了,团队信心爆涨。也由于 Mate 7 大卖,让我们在品牌、营销、渠道、零售等方面的能力都得到进一步积累和提升。

想让更多人爱上 Mate

Mate 7 成了爆款,Mate 系列自此得到更多的资源投入。大屏、强续航、高性能、机身紧凑,也成为沁入 Mate 系列产品骨髓的 DNA。从 Mate 8 到 Mate 10,我们一直顺着这条路,不断升级处理器、外观、拍照、屏幕等,每一款都用当时业界最领先技术,给消费者以最极致体验。成本提升,能给消费者更佳的产品;产品的口碑好了,品牌定位也跟着提升;品牌上升了,能承载的定价就更高了,有助于打造体验更好竞争力更强的手机,形成一个良性循环。

我特别想说一说 Mate 9 Pro,它采用了 5.5 英寸屏幕,是 Mate 系列向小屏进军的第一款产品。大家可能有疑问,不是都说大屏是 Mate 的亮点吗,难道要自废武功?并不是这样的,其实我们推出这款手机,是为了让更多消费者体验到华为产品的极致性能。

这得先从用户习惯说起,全世界除了华为,所有品牌都是小屏比超大屏卖得好。从这个角度讲,大屏手机其实仍是个细分市场,消费者的主流倾向还是小屏。比如国内许多女性消费者,都觉得 Mate 太大了,拿在手里不方便。西欧地区 Mate 系列一直销量不理想,重要原因之一是欧洲人嫌 Mate 屏幕大,不符合一贯的使用习惯。

所以我一直有个愿望,希望能有更多的消费者愿意去使用 Mate,把好的体验带给不同消费者。于是规划 Mate 9 时,我提出同时开发 Mate 9 Pro,屏幕采用最主流的 5.5 英寸屏,其余各项规格则与 Mate 9 相同,瞄准最顶级的产品。

别小看只是把屏幕从 5.9 英寸缩减到 5.5 英寸,对于寸土必争的手机,0.4 英寸会让手机设计难度呈几何级增长。最简单的例子,尺寸减小了,Mate 9 使用的 4000 毫安电池就放不下去,用户的续航体验就会下降。我们对 Mate 9 Pro 的设计要求是减尺寸不减规格,如果做不到业界领先水平,不能给消费者带来极致体验,还不如不做。兄弟们最后发力,一点点去抠细节,终于把电池容量从 3700 毫安时提升到 4000 毫安时。

设计难度的增加,意味着成本的增加,为了在更小空间内完成相同布局，Mate 9 Pro 使用了成本更高的柔性屏。华为终端管理团队多次要把这款手机"毙掉"，原因就是成本太高，无法提供给消费者合理的价位。可我很坚持，对于 Mate 9 Pro，我希望它能给我们带来更广泛和更高端的消费者，所以宁可利润薄一点也要坚持做下去。有次开会时，我和团队成员开玩笑说："Mate 9 Pro 要成为这样一款手机，只有因为嫌贵不想要的，没有觉得产品不好而不想要的。"

Mate 9 Pro 最终定价 4699 元和 5299 元，我个人认为，它的意义更多不是体现在赚钱上。小屏手机还能保持大屏手机的性能和续航，这向外界展现了华为强劲的研发实力；同时，它拉升了华为手机品牌，让更多高端消费者接受了华为，让大家知道，华为的品牌是足以承载更高端的手机。Mate 9 Pro 上市后我们做过用户调研，Mate 9 Pro 的确是吸引高端友商用户比例最高的产品。

从 2013 年 Mate 第一代上市，到如今 Mate 10 系列，短短 5 年，我们推出的 6 代共 10 款手机里，有的市场大热，有的不尽人意。单款手机能否成功，牵涉的因素非常复杂，是必然性和偶然性的结合，我们也还在一直摸索。但纵观整个 Mate 系列，我们可以骄傲地说，能取得今天一点点成绩是必然的，因为无论我们摔过多少跤，每次站起来时，目光始终盯着一个方向：看，我们的消费者在那里！

头发丝上跳舞

作者：蔡小根 ＊ 文字编辑：霍　瑶

我们是一群来自华为终端制造部的工程师，主要工作就是针对极致的手机外观设计要求，从工艺上实现并批量稳定生产。这些年手机屏幕越来越大，对于手机显示屏与结构件的粘接工艺也要求越来越高，如何让它们牢牢相连？这是我们的工作。

穿过 1.5mm 的羊肠道

2011 年 7 月，我刚来公司不久，主管康工说："你去负责 HXX1 的 NPI 导入吧！"

NPI（New Product Introduction，新产品导入），主导产品从试制到量产阶段的验证，是保障产品高质量顺利交付的重要环节。HXX1 产品是当时的旗舰机，也是华为市场战略的关键，能加入这个产品的设计，我心里充满了自豪。就这样，我和 TP（Touch Panel，触摸屏）与结构件粘接工艺的邂逅之路由此开启。

HXX1 产品的 ID（Industry design，外观效果设计团队）为保证显示效果，将窄边粘接宽度由 2.5mm 以上缩减到 1.5mm，其中最大的问题就是触摸屏和结构件分离的问题，当时华为手机还没有做那么窄的，与业界友商存在很大的差距。

什么是窄边粘接宽度？简单来说，手机的结构件就相当于一个架子，显示屏要放到这个架子的槽里面，触摸屏则需要搭在这个架子上，我们需要基于这个搭接的宽度用双面胶将触摸屏和架子牢牢粘住，来保证显示屏不会和架子脱离。而搭在架子上这一部分的最小宽度，就是俗称的窄边粘接宽度。

试制启动，产品出来后，开始进入可靠性测试环节，这是针对手机在使用寿命期间的相关测试，比如在一定高度定向跌落、一定直径的滚筒里连续滚动等，只有通过可靠性测试的手机才能上市。在等待结果出来的这一段时间，大家的心都是悬着的，度日如年。结果出来后，大家懵了——触摸屏和结构件分离不良率达10%，这与正常的比率0.1%相差100倍，也意味着每生产100部手机，有10部就需要维修，直接成本至少上升10%。对于一个利润本来就不高的手机业务来说，这将造成产品根本无法上市，前面的所有研发费用打水漂，算得上是致命的打击。

于是，大家每天坚守在生产线上，整整3个月一头扎进工作中，分析钻研问题，白板上写满了影响因素和对应的验证方案、验证结果记录，光记录的测量数据都有厚厚的一小本。最后终于找出了影响触摸屏和结构件分离的影响因素，在物料来料平面度、制程操作要求、压合力等方面都加以改善，不良比例由10%降低到0.1%以内，可靠性也得到验证通过。项目组终于松了口气，作为制造端的工艺接口，我也跟着松了口气，我第一个负责的产品终于可以批量生产了！

给双面胶定个规矩

HXX1产品的问题得到有效解决,但由于其他产品也陆续加大了屏占比,窄边粘接宽度也在减小,触摸屏和结构件的分离问题仍然在频繁发生,生产线因此经常批量返工,天天救火,研发和交付团队感觉在打地鼠,按了这个,那个又出问题了,成为救火员。

面对多产品出现相同的问题,工程工艺部长王凤英要求大家此类问题必须要彻底解决,必须建立起相关的工艺规范。

是的,我们不能做救火员,而是要做未雨绸缪者,只有这样的产品质量才会有保障。

攻关组就这样成立了,由研发整机工艺罗凡带队,我是其中一员。首先,大家需要摸清楚双面胶、触摸屏、结构件三者之间相互配合的规律,组员们泡在实验室摸索双面胶对触摸屏和结构件的粘接力规律,找到业界通用的15款双面胶,梳理出共30余种相互匹配的验证方案,每种验证方案要进行3到5次试验,从这接近100个实验数据中找出它们之间的配合规律,最终确定了3款符合要求的双面胶型号,制定出触摸屏和结构件的设计规格和管控要求。

我们还对正在设计、试制验证、量产的所有产品进行摸排,对所有不符合设计要求、物料管控、制程管控的产品全部进行更改。为了保证优化措施能100%的落地,我们2周内跑完5家EMS厂和6家供应商,按照梳理的几十条Checklist(验证表)进行逐条稽核;我们还梳理了20余条设计、物料、制程的管控要求,找了十几个华为内部相关领域人员反复沟通确认,保证所有产品都能完美解决设计上的问题。

在6个月的攻关中,项目组制定出工艺规范,并推动了规范中的所有要求落地。经过大家的共同努力，效果出来了！在 2013 年所有手机的 FFR（Fault Feedback Ratio，故障返还率）中此类不良率控制在 0.03% 以内。这份规范书也为后续所有触摸屏与结构件的粘接工艺打下了一个坚实的基础，类似开山鼻祖一样，给后面很多产品提供了有效的依据和参考。

顺利走过 0.8mm 的平衡木

2013 年，手机趋向屏占比最大化，各个手机厂商都鼓足了劲从 ID 效果上下功夫，而大家面临的挑战任务又来了，粘接宽度需要由原来的 1.5mm 减小到 0.8mm 以下。但当时业界的双面胶还无法满足华为的工艺要求，只能更换另外一种更难的、我们从未接触过的方案——胶水粘接！

这个胶水粘接与平时生活使用的胶水可不一样，现在需要把胶水以 mg 级别的精准度涂在 0.8mm 宽结构件对应的位置上，这种难度就像把大卡车开在只有 2.2m 宽的山道上，不能跑出道路，不能撞到山壁。

如何在 0.8mm 如此窄的宽度上精准施胶呢？设备每天连续生产 2000 到 3000 部，需要保证每部产品上点胶重量要控制在 ±10mg 的范围内，应该使用什么样的设备？人员操作如何管控呢？以上这些难题难住了我们。

经过多次讨论，从可制造性、稳定性、工艺可实现性等角度考量，大家确认采用设备来实现，由于之前对这种设备没有任何经验，我们需要将设备性能彻底摸透，才能买对设备，经过近 2 个月的调研，终于初步确定了 2 家供应商的设备上线验证。

设备上线了，但是第一天在试制过程中不良比例竟然达到20%，主要表现在装完TP后发现胶水全部溢胶（胶水跑到外观面）。不良品需要使用无尘布、0.1mm的薄片进行清胶，清理1部需耗时5到10分钟，一天下来有近200部不良品需要清理，无形中增加了大家的工作量，对此抱怨非常大。

到底哪里出问题了呢？我们将当天生产的200多部不良品按照胶水跑到触摸屏表面、胶水未点到指定位置、断胶等6类问题进行分类，然后逐一进行分析，针对性地调整设备点胶参数，逐条验证参数是否有效或者带来其他不良。6种参数验证完成后，大家对验证的数据进行了总结，将参数全部融合成一个最终的点胶参数。

为了确保问题得到有效解决，项目组还从生产线上借了100个结构件进行点胶并观察胶线位置是否达到预期要求，并且组装触摸屏后检查不良，最终这100部的试制不良率降低到2%，大家这才松了一口气，虽然离最终的0.5%不良率还有很大的距离，但是至少明天能开工了！大家松了一口气，这才意识到此时已经深夜，赶到经常去的一家路边大排档，点了几个小炒，伴随着问题解决的喜悦，那几盘饭菜现在回想起来还是鲜美无比。

接下来一个星期，经过持续优化参数，终于将整体不良率控制在0.3%以内，达到了初期目标。产品量产了，设备顺利引入，工艺要求也明确，同时也与研发一起梳理了点胶工艺的规范，为胶水工艺打下坚实基础。

在四根头发丝上跳舞

随着胶水的成功使用，华为手机采用此种工艺的产品也就越来越多，要求也越来越高，2015年，对粘接宽度要求要减小到0.4mm，这比之前减少了一半，相当于4根头发并在一起的宽度，要在这个宽度上跳舞，而且不能有失误，就如之前开大卡车改为让大飞机在山道上蜿蜒前行，我们的挑战更大了。

由制造代表蔡江亮带队，罗奕、闵江波为NPI技术负责，制造工程由荆和平、孙岩整体负责的团队组建起来。为了达到这个要求，大家发挥超级想象力，和研发团队在白板上画出了所有可能和不可能导致目标无法实现的因素，一个个进行分析，讨论结论和措施。这些工作看似简单，实际是非常枯燥乏味的。

理论依据有了，然而试制验证才是检验工艺稳定性的唯一途径。经过试制验证，可靠性结果显示触摸屏和结构件分离，问题还是出现了。

为了找出真凶，需要对验证品进行切片分析，没有设备，只能靠我们自己一个个在砂轮上磨，将验证品磨到需要的截面位置。磨一个截面需要30分钟到1个小时，一个不良品有时需要磨10个截面，并对截面进行尺寸测量，十分费时。磨了近10部手机后，原因找到了！问题出在结构件边缘设置上，由于点胶的宽度要求只有0.4mm，就如飞机在这个狭窄山道上起飞一样，因为弯道过多，急转弯过大，无法灵活转弯，需要山道相对笔直，飞机才不会滑到跑道外面。我们深刻体会到了，真的是细节决定成败！

这四个月里，每出现一次触摸屏和结构件分离的问题，对大家都是一次惊心动魄的考验。造成测试失败的原因都是很小的细节，但也是非常重要的地方，比如有一次是因为触摸屏表面残留一层微米级别厚度的光学胶，这需要在20倍以上显微镜上才能发现，但是这一因素影响了粘接，从而影响可靠性。每出现一次问题，我们对

0.4mm 窄边宽度的粘接工艺就更进一步。教训是惨痛的，收获也是丰硕的。

永不分离

改进是无止境的，在窄边方案全面推进的过程中，我们发现由于胶水的使用，整个生产周期无形之中增加了 24 小时。由于胶水的点胶完成后，还需要保压 2 小时，保压完后还需要放 22 小时才能进行整机的组装，也就是本来 3 天就可以完成整机出货的，现在要变成 4 天，这也就无形增加了物料的库存时间、库房的存储压力，抬高了产品的整体成本，所以项目组又提出了新的目标——整体时间降低一半！

领导老叶说："这个改善，可以有效的压缩产品的交付周期，提升竞争力，而且还可以减少夹具设备的成本，我们必须实现。"

是的，工艺需要精益求精！

2017 年初，制造这边由材料博士瞿兰整体负责，我们决定先试验得出可靠的验证数据，再将静置时间缩短到 10 小时。瞿兰一周至少跑一次 2012 实验室，与整机工艺平台的同事们共同讨论，梳理出不同材料的结构件、从 6 小时 /8 小时 /10 小时 /22 小时、低湿和高湿、产品蠕变因素考量，进行实验，整体验证方案达 30 多种。通过对 30 多个数据的对比分析，我们验证了 10 小时和 22 小时的整体性能是一样的，2+10 小时完全可以满足产品的可靠性要求，于是便将此时间方案作为后续的主要量产方案。

正是由于这一改进，使得我们的点胶工艺完全领先业界，现在可以骄傲地说，华为终端制造的点胶工艺是目前业内标杆，而我们

攻关完最窄边框点胶产品后,部门同事一起拍照留念(中间为作者)

也没有止步不前,继续探索最先进的工艺,让触摸屏和结构件粘接得更加牢固。

前段时间有同事感慨:"我们这么多年、这么多人的摸爬滚打,就是为了触摸屏和结构件的粘接不出问题啊!"

是呀,自从我进公司以来,一直都聚焦在触摸屏和结构件的粘接上,粘接方案从双面胶到胶水,粘接宽度由1.5mm到现在的0.4mm,5年在泥坑里的摸爬滚打,5年的技术积累,让我继续坚持下去的信念就是让它们永不分离!

一闪一闪亮晶晶

作者：聂星星　＊　文字编辑：王　鹏

"年轻人，要去奋斗、去闯。"临近毕业时，研究生导师和我说。2014年2月17日，我把这句话写在了日记本中。那一天，我走出校门，来到了华为北京研究所终端软件开发部报到，开启了我闪亮的成长之旅。

小麻雀飞起来

刚来华为，我就加入了有麻雀团队之称的日志系统开发小组。团队规模虽小，但承接着整个终端手机和平板产品的日志收集能力。日志系统是手机异常信息的收集器，对于手机诊断、提供最佳用户体验等非常重要。

我刚进入团队时，日志系统5.0项目亟待启动，有很多问题及需求要解决和开发。作为一只新来的小麻雀，我跃跃欲试，想要大干一番。

但我在学校时对手机测试软件开发接触甚少，上班头几天，面对一堆看不懂的文档，根本无从下手，只能看着别的同事忙碌，心里不由得着急起来，我暗下决心："绝不能输在起跑线上！"

从 Android 基本知识到各类文档和代码，再到具体的业务框架，我用一周的时间自学补上了产品累积三年的业务知识。

第二周一早，我兴冲冲地走到傅工位说："师傅，我已经准备好了。有没有什么需求可以给我做的？"师傅看了看我说："你先来做日志容量提醒需求吧。"

这个功能是为了及时告知用户手机收集日志大小，保障充足的存储空间。我一看，工作量好像不大，于是刚拿到需求就急匆匆地直接开始了编码，仅用了一天，就写完了全部代码，心里还有点小小的得意。

临下班时，我拿着 Demo（演示版本）给师傅检验，本以为会被大大地表扬，谁知师傅随便测试了几下，系统就提示：出现异常。

我愣在那里，自信心大受打击，脸上一阵火辣，不敢抬眼去看师傅。到底问题出在哪里？原来，我在编码过程中，没有针对消费者需求场景提前进行详细的分析设计，没有考虑到手机存储被占满或日志超大等特殊场景，也忽略了自验证环节。

师傅耐心地跟我说："研发始于设计、终于验证。做一名好的开发人员，需要从设计、编码以及自测试三个维度进行打磨。不能急于编码，而无设计和自测。我们所做的每一步，都要为下一个环节负责，为消费者负责。"

这是我来华为后学到的重要一课，想要起飞，就必须先脚踏实地。在后面的工作中，我沉下心来，从方案设计出发，不仅做了需求分析，更考虑到了消费者使用过程中的各种异常场景，一周之内完成了方案设计、代码编写以及自测试，共交付了 400 行左右代码，转测试时做到了一次通过。

作者本人

第一个需求的完成让我重拾信心,接下来,手自一体抓取协议日志需求、日志管理需求、日志工具开发、架构重构优化……每一个需求我都出色地完成了任务。

在日志系统 5.1 项目中,我还作为推广大使,一个月内,走访了多个研究所,推动了业务雷达在 10 个核心业务上落地,监控了 100 多处业务异常点,这为业务快速定位提供了有效保障,也在产品流入消费者手上之前,帮助研发提前识别了许多问题。

通过这些实践,我收获了很多,一步步的助跑,终于让我这只小麻雀,慢慢飞了起来。

消费者要的是整个星空

经历了几个项目后,我在技术上有了一定的积累。2016 年 3 月,主管告诉我:"部门将承接一个全新的技术项目——智能全局搜索,你带领一个5人小组把它拿下。"

第一次独立带队做一个全新项目,我既兴奋,又有些担心:刚刚入职两年就去带队,我能行吗?但华为是一个愿意给年轻人机会的公司,领导的鼓励和前期预研的深度参与给了我很大的信心,我当下便接受了这个挑战。

传统的安卓搜索模式,仅能基于字符串匹配,提供联系人、信息、邮件等极少的5种信息。而智能全局搜索是为了给消费者提供更加智能、人性化的一键式搜索体验:不用打开APP,下拉桌面输入关键字即可匹配应用联系人、信息、新闻、生活推荐等结果,并一键直达用户所要。在此之前,所有的安卓手机厂商都没有开发出这个功能。

开始做这个项目之前,我们几个人对桌面搜索的功能了解都不多。为了让团队快速熟悉项目,我拉上大家亲自体验了一番不同的搜索功能。业界在这一块比较先进的是 iPhone 基于 IOS 系统做的 Spotlight 搜索,而我们即将在安卓系统上开发的智能全局搜索,则希望能达到业界的更高水准。

但苹果的 IOS 是一个闭源的系统,没人清楚它里面到底做了些什么,所以苹果的搜索框架我们是无从借鉴的,我们只能从零开始去搭建。

在会议室整整一下午,我们边摸索边记录,时不时发起一阵讨论。通过对比,我们发现了不少当前搜索系统的问题。比如传统搜索范围窄、结果少,且平均在1秒左右才能返回查询结果,用户有卡顿感知;我们只支持全匹配,却不能对长语句进行分析,基于关键词搜索匹配。通过分析这些差距点,我们达成了更快、更多、更好的搜索体验目标。

在过去，我们只能在茫茫搜索结果中为消费者抓住几颗星辰，而现在，我们需要给消费者整个星空。

我基于5个人不同的特点和工作经验及背景，为每个人安排了不同的研究目标，我也深入其中，进行搜索数据、搜索一致性获取等最基础部分的研究。一场艰难的摘星之旅，开始了。

只为极致搜索体验

经过讨论，我们决定参考PC上的基本搜索工具，用这个思路拓展出后面的选型。但PC侧的东西并不是拿来就能用的，而是需要我们进行反复的验证修改，以保证能在安卓系统上顺畅地运行。

而为了让我们的搜索结果比苹果手机更多，我们也很是费了一番心思，首先，在线搜索方面，我们利用华为自己的产品优势，在搜索来源上引入华为云，使搜索结果更丰富。其次，在本地的文件搜索上，苹果只支持Pages格式文档的搜索，而我们则通过利用开源库TIKA、POI把用户经常用到的Word、Excel、PPT等格式文档加进来了，更方便消费者的搜索。

而针对长语句搜索的问题，我们则引进了分词解析工具，经过裁剪和改造，用于安卓系统。

相关的技术难点还有很多，我们花了将近一个月时间，上网搜索资料，研究市面上搜索算法，结合Android自身数据特点，确定了新的搜索框架，并完成基本原型开发及MVP验证。一个月的封闭式开发后，在5月中旬，我们成功地搭建了智能全局搜索框架。

然而，在即将交付智能全局搜索一期需求时，测试却突然爆出无法搜索到某封邮件内容的严重问题，两天压力复现无果。

交付的工期容不得半点拖延，为了节省时间，我用一天时间，走读了 Email 模块数据库操作将近两万行的所有代码逻辑，到了最后，整个眼睛都是模糊的。

最终我们发现，Email 模块在特定场景下会绕过正常的数据库 Insert 操作导致全局搜索监测不到已经接收的邮件。为了解决这个问题，我对邮件模块解析功能做了进一步优化，加入了事务处理操作流程，完美地解决了这个问题。

智能全局搜索一期需求顺利在 7 月初落地 EMUI5.0，为内部 Beta（公测）提供了基础体验。但随着大量内部 Beta 使用，Beta 用户开始报出一些问题，比如搜索慢、搜索排序效果不好等，同时，系统也监控到全局搜索应用内存占用高，对整机性能影响大，可能会给用户带来手机卡顿或应用响应慢的感觉。

其他问题都较快地一一解决了，但面对性能内存占用高的问题，我们讨论了四五种方案，替换优化了分词器、延迟索引创建等，反复修改了几次，却都无法达到性能指标。我召集小组成员开会，我们一致认为："这是最终要拿到消费者手上的东西，马虎不得，哪怕是要大刀阔斧地修改原来的架构方案，要多做许多工作，我们也要改。"

最终，我们对架构方案进行了调整，把原来一个应用一分为二，监控服务和引擎服务分开。监控服务为轻量级服务，为常驻应用，内存占比小，用来监控数据源变更，保障数据索引一致性；引擎服务则提供信息加工处理及检索能力，即用即起，用完就退出，不会长期霸占内存。

这就像是两个人一个常驻、一个出差，紧密配合，比原来两个人同时常驻节省了很多资源，从而解决了这个问题。

经过不断的努力，智能全局搜索成功应用在华为旗舰手机 Mate 9 身上，使大数据量搜索性能提升 10 倍，在线和本地搜索内容超越 IOS，并落实分词优化，使 Mate 9 变得更加聪明。2016 年 11 月 14 日，当消费者业务 CEO 余承东在上海华为 Mate 9 发布会上介绍智能全局搜索时，我激动地哭了。

还记得，为了提升几十毫秒的搜索速度，为了降低几兆的内存占用，为了提供更好的搜索结果呈现，我们无数次地讨论、选型、算法代码优化，闯过一道道难关，最终才给用户带来极致的搜索体验。这一切，值了。

一个年轻 PL 的诞生

2016 年 11 月，主管找到我，希望我能担任整个联系人团队的 PL（项目经理）一职。我之前虽有一些项目管理经验，但联系人团队是一个大团队，不乏级别比我高的前辈，拨号和存储联系人功能对质量要求也是最严格的，我能挑起这个担子么？

面对巨大的压力，我一时间有些犹豫。但那句"要去奋斗，去闯"仿佛又在我耳边响起。是啊，不闯一闯，怎么知道行不行呢？

2016 年 12 月，我正式成为联系人组的 PL。当时正处于 EMUI8.0 立项阶段，联系人模块属于基础业务，在过往的 EMUI 项目总结中，联系人模块曾出现过很多问题，NPS（净推荐值）差评率比较高。问题单多意味着需要投入大量人力在维护上不断修复补丁；NPS 差评率高则反映出用户对于联系人现有功能的不满，以及对于看到新功能的渴望。

团队通过分析，提出了通过架构重构的方法来改变当前现状。但第一次需求价值排序，联系人重构需求被认为投入产出比低，排为低优先级，这意味着重构需求很可能会被砍掉，如此一来，不仅研发又将陷于不断打补丁的开发模式，消费者也会有不好的体验。所以，我们不能让步。

我们分析，以往对于重构价值的判断，都是比较模糊的，要说服大家，必须要用事实说话。于是，我跟SE（系统工程师）、MDE（模块设计师）一起量化了重构目标，并进一步细化了重构计划，梳理清了重构需求价值及投入产出比。通过与主管对齐目标价值，也得到了主管的大力支持。在第二轮需求价值排序中，顺利地保留了该需求。

通过重构需求，我们解决了大量历史遗留及架构问题，实现了问题单同期对比，从1207个下降到307个，维护成本大大降低，节省了更多人力。我们还开发了新的卖点，为用户带来耳目一新的体验。EMUI8.0项目，是联系人团队破茧成蝶的过程，也是我的PL转身过程。产品的成功和团队的胜利，是我作为PL的责任和价值所在。

三年多的工作，让我认识到，技术会不断创新变化，但我们对消费者需求的关注和探索一直未变。打造用户极致体验的征程上，我只是一颗不起眼的小星星，哪怕光芒微弱，也要努力闪烁，蓬生麻中，不扶自直，千千万万颗年轻的小星星，照亮的则将是一片夜空。

一次亲密接触

作者：邱　晓　＊　文字编辑：刘　军

5月的米兰繁花似锦，穿城而过的运河有游船徜徉其中，两旁的建筑透露出文艺复兴时期的古典气息，鳞次栉比的酒吧、画廊、古董店吸引了如织游人，在这艺术气息浓厚之区，华为手机P8上市活动正翘首以盼它尊贵的客人到来。

这一天天气很好，很多客户和媒体都来到了现场，见证P8的意大利首秀：精心安排的热舞、产品展示和互动环节吸引了大量的路人驻足参与。

而我正等待一位素未谋面、名叫Maria的女孩的到来。

潜伏摄影组织

快傍晚的时候，Maria来到了现场，这是位毕业于那不勒斯美术学院的90后意大利小姑娘，年纪虽轻，却已经是意大利光绘摄影协会的会长。我为何要等她？这一切都得从光绘摄影说起。

2015年4月，华为新一代旗舰机P8向全球发布，P8在摄影方面做了一些颠覆性的创新，其中一大卖点就是长曝光摄影，流光快门。为了配合 P8 的长曝光摄影的卖点，我们在上市活动中策划了光绘互动环节，让消费者能够全方位体验 P8 的摄影魅力。

有别于过去的上市，P8 对于意大利来说，是第一款真正意义上全渠道发布的上市旗舰机，我们希望邀请消费者参与我们的活动，这是我们第一次与消费者的亲密接触。在寻找消费者的问题上，我们进行了很多轮的讨论，最终团队一致把摄影群体作为上市活动的主要邀请对象。为此我们开始了寻找用户之旅，Facebook、Instagram、Google+、Twitter……我们在各个社交网站搜索与摄影相关的群体和目标消费者。

其中一个叫意大利光绘 Facebook 的摄影群体闯入我们的视线，该组织会员上万名，有大量的热帖讨论专业摄影，特别是光绘摄影。但帖子多半是专业单反用户在参与讨论，对于智能手机拍照，他们会嗤之以鼻吗？

我抱着试一试的心态，以单反摄影爱好者的身份"混"了进去，潜伏了一阵子之后，渐渐摸到了脉门。我从开始的顶帖、赞帖转而开始发帖。我把 P8 代言人（某北美摄影师）的光绘摄影作品频繁地发布到群组中，引起了大家的好奇和讨论，大家都为他的摄影作品啧啧称道。

在 P8 预热阶段，我又发布了几张摄影师的光绘照片到群组，让大家猜是什么相机拍摄的。摄影师的作品确实给力，大家的答案千差万别，但谁也没有猜到这是华为手机的作品。当 P8 在伦敦发布的那一天，我在群组里公布了答案，并上传了摄影师用 P8 拍摄光绘照片的全程视频，群组成员们沸腾了，惊讶于这个并不熟知的品牌竟然能有如此强大的专业长曝光拍摄功能，当然，当中也不乏质疑的声音。

石沉大海的邀请帖有了回应

30天后,华为P8意大利上市活动即将在米兰举行。在经过几个月的预热之后,我在群组里发布了P8上市活动的邀请函,邀请函在制作上特别突出了光绘,希望以此得到专业光绘爱好者的青睐。但这一次群组里的回应并没有想象中积极,在邀请函发帖的回复中,大家更多表达出的是观望态度,似乎没有足够的吸引力让这些散落在意大利各地的摄影爱好者不远万里前来米兰参加活动。

这是产品能力、品牌吸引力问题,还是对手机摄影本身的一种偏见?我的脑海里不断搜索着答案,和之前反应相比,这一次大家表现的冷静和观望让我有些挫败感。

几天后,石沉大海的邀请帖被一个回复重新顶到了首页,回复的女孩就是Maria。她在回复中写道:"我正好要去米兰开会,愿意来参加你们的P8活动,需要准备些什么?"这则回帖如同兴奋剂,让我高兴了好一阵子,我们因此建立了联系,我把活动信息和安排都如数家珍地告诉了她。

当晚,我如期见到了Maria。在她品尝我们精心准备的点心和香槟时,我向她详细地介绍了华为P8,并带着她来到互动区。趁着傍晚的深蓝色夜幕和光绘背景,P8拍出了我们预期中满意的效果,Maria看着她照片身旁由中光线汇出的"翅膀",不由地啧啧称赞。在活动结束时,她向我的邀请表达了感谢,我问她"你有兴趣试试P8吗",她笑而不语。

两个月后的一天,我在Maria的Instagram上看到她的P8开箱照,并配上了文字"一个热情的邀请,一个真诚的回应",Maria从此成为华为 P 系列用户的一员，并不断地晒出 P8 拍摄的光绘作品。这一年华为 P8 为我们交出了高端机的满意答卷，意大利消费者也逐渐开始熟知我们的品牌和产品，这一年华为手机市场份额有了较大提升，正式跻身意大利 Top3 市场份额品牌，开启了华为在意大利的快速成长之旅。

成为华为天才计划代言人

2016 年，华为发布了徕卡双摄的 P9 系列手机。好的产品会自己说话，P9 再一次在意大利市场引发了热销。尝过 P8 摄影带来的魔力后，Maria 无法阻挡徕卡双摄的魅力，又成为华为 P9 plus 的用户。有了徕卡和双摄的加持，P9 没有让她失望，她陆续在群组发布了一系列高质量的光绘作品，群组成员在她的带动下，也开始尝试华为双摄手机。

作为光绘摄影协会的会长，Maria 会不定期组织摄影爱好者参加摄影活动，借此契机，Maria 在随后的一年里，组织了多次以华为手机为主题的群组光绘摄影活动。

通过多次主题活动，此前惊讶和质疑的单反光绘爱好者，有了亲自把玩华为手机的机会，渐渐认可了华为手机的长曝光摄影功能，因而培养了不少的华为手机忠诚用户。这时，Maria 也从一位华为手机的消费者，变成了半个华为人，而仅仅一年后，我们的关系又更近了一步。

2017 年，华为 P10 系列和 Mate 10 系列成为当年最热销的机型。打开意大利电视新闻、顶级杂志、科技访谈、电台节目，人们已经习惯了 HUAWEI 作为热门话而被谈论。

HUAWEI Mate 10 pro 发布期间,意大利经济中心城市米兰市中心全欧洲最大的户外大屏展示着我们的最新旗舰产品

  P10 上市时,我们在意大利启动了华为天才计划:让每一个有梦想、敢于挑战的天才,都有一个展示的舞台,并且有实现梦想的可能,这跟华为"Make it possible"的理念是一样的。消费者通过视频等形式向我们展示个人才能和故事,就有机会成为华为天才计划代言人,并获得一部华为 P10 Plus。我们也借此进一步融入意大利人的生活。活动开始后,我们收到了很多有才能的消费者的展示,他们当中有艺术家、音乐家、舞蹈家和体育达人等。

  让我们倍感惊喜的是,一直关注华为的 Maria 也主动参与了我们的活动,我们也在官方 Facebook 和 YouTube 上多次采用了她的光绘作品来制作社交宣传,这一次 Maria 成了意大利华为天才计划的 5 个代言人之一,真正成了华为人。

  我最近一次见到 Maria 是在 2018 年 3 月初,她刚好来米兰,我邀请她来参观我们新开设的全欧洲第一家旗舰体验店。这家旗舰店

一次亲密接触   P. 073

将中国科技和意大利设计通过绿色、融合、科技完美的结合,这种耳目一新的呈现方式让 Maria 连连称赞。

　　站在高大上的旗舰店,我提议和 Maria 合一张影,我们手里分别拿着 P8 上市的邀请函和 P20 的发布预热图。从 2015 年到 2018 年,我们因 P8 结缘,一路走来,Maria 见证了华为产品的更新迭代,我们收获了一位忠实的拥趸,华为手机也不断给她带来惊喜,让她在摄影创作上多了另外一种可能。

Maria 情人节期间用 HUAWEI P10 Plus 拍摄的主题光绘摄影作品,获赞无数

临走时，我对Maria说"你简直快成品牌代言人和宣传大使了"，她说："感谢华为2015年的真诚邀请，让我对一个陌生的品牌有了了解。当初选择P8更多的是出于好感和尝试，选择P9和P10完全是因为你们产品的实力和品牌。"

这么多年来，意大利团队一直孜孜不倦地耕耘着华为品牌，用更好的产品、更好的零售体验、更好的服务售后，让更多的消费者了解华为、认可华为和信赖华为，让更多像Maria这样的消费者，有过第一次亲密接触就不再离开。

全欧洲首家华为旗舰体验店在米兰开业，我邀请Maria到店参观并合影

2017年，华为手机被意大利消费者评选为 Top 100 知名品牌，成为唯一入选的中国品牌。如今，华为手机在意大利，品牌知名度和考虑度上名列前茅，市场份额也节节攀升，成为意大利消费者最喜爱的高端手机品牌之一。

笨鸟不等风

作者：赵　明　*　文字编辑：龚宏斌

首次亮相，我解开了衬衫的第二粒纽扣

2015 年的早春，德国杜塞尔多夫的清晨依旧寒冷。跑完 10 公里，我照例拿起手机开始处理邮件，一条信息跳进来，"胡总有急事找您，请速回电话"。这条短信改变了所有既定的轨迹，接下来与我、与荣耀相关的人和事，都开始走向了自己未曾想过的不确定性。

那时，胡厚崑是轮值 CEO。我给胡总回电话，电话里胡总很直接，"董事会已经决定由你来接任荣耀总裁"。胡总还调侃说，董事会之前也有犹豫，任总甚至问了一句"赵明能不能放得开？"，胡总打了保票："肯定没问题。"

听到胡总的描述，我内心有点复杂，这对我来说确实是一次巨大的挑战，记得当时还下意识问："为什么选我？"这是个只能成功的岗位，我是否具备这个能力？我又能给荣耀带来什么不同的东西？我有些犹豫，便告诉胡总，给我点时间考虑一下。一个小时后，我给胡总回复。胡总说："好，这是一个公众人物，你要做好准备。"

当天晚上，公司的对外新闻稿、公开信准备妥当，第二天便正

式对外做了发布。与此同时，我立即通过视频与荣耀团队做了深入的业务沟通。由于当时我还身兼原职，不能立即回国，最开始的半个月都是通过视频与荣耀团队进行沟通。我以为这样的过渡会持续一段时间，然而，两周后的巴塞罗那展我便被赶鸭子上架了。

"巴展"上，按计划发布"荣耀 X2"手机和荣耀路由器两款新品。我在发布会的头一天，从德国赶到"巴展"现场。到现场后，华为消费者业务 CEO 余承东突然跟我说："赵明，既然你已经是荣耀总裁了，明天的发布会就由你来做。"我难以置信，但也没有退缩的理由。

我有点紧张，不是因为不熟悉发布材料，而是因为我从没向大众媒体做过演讲，更没发布过任何产品。忽然之间，我实实在在意识到，荣耀之路将与我之前走过的道路截然不同。

第二天，在登台之前，我脱掉了西装外套，摘掉了领带，只穿了一件衬衫，还特意解开了衬衫的第二粒纽扣。据说，这代表着互联网行业的开放和自由的文化精神，为这粒纽扣，很多兄弟开了我几个月的玩笑。

稳住团队，打胜仗成为荣耀的唯一出路

巴塞罗那发布会后 5 天，我便回到中国，全心投入到了荣耀。

2015 年初的荣耀因为组织调整，队伍不太稳定。我首先要做的，便是稳住团队。如何稳定？最好的办法就是打胜仗。

那时是 3 月底，友商们在降价大促销。我们如何在势头上压制住对方？

经过 3 个日夜的反复讨论，兄弟们都认为，我们不能跟随，一

定要另辟蹊径。在海外多年的市场经历启发了我，荣耀背靠华为最大的优势是全球视野，我们何不聚合全球力量来打赢这一仗？当时，荣耀已经跟随华为进入了70多个国家的市场，这股力量如果集结起来能量是巨大的。于是，"荣耀408全球狂欢节"就诞生了。

4月8日当天，全球所有市场同步开启促销模式，一下子让国内消费者认识到了荣耀这个品牌的张力。这是一个与其他互联网手机企业有着完全不同格局的中国品牌。"408"这一仗算是打了一个开门红，全球战报不断袭来，但不足以彻底提振士气。第二场硬仗便是"618"，这是互联网手机品牌一年两次的销售大战之一，只有把"618"干漂亮，才能稍稍稳住军心。

讲心里话，让荣耀去拼价格，真的不占优势，因为我们的研发投入摆在那里，又不能用亏损去讲一个资本故事。我们也曾想妥协，"亏就亏这一天，先赚个彩头"，"我们做的不是销量，是新闻"。兄弟们满腔热血，但然后呢？这个亏损的大窟窿，怎么补？大家都知道这条路走不下去，不如反其道而行之。华为的优势是沉淀了30年的品质，于是我们想出了一招，用品质换价格。在"618"一片大降价的氛围下，荣耀喊出"加价1元送1年维保"。这在当时用户普遍对互联网手机质量将信将疑的大环境下，具有很强的冲击力。

2015年的"618"，我们已经做好了赢的充分准备。

但谁也没有想到，我们遭遇了一场突如其来的考验。"618"前，有一批荣耀手机在运输途中，发生了极为罕见的集装箱车的轮胎自燃事故，但集装箱内的手机并没有被烧到，只有很少一部分明确受到高温的一些影响，绝大多数连包装都是完好无损的，且检测手机没有问题。质量部门判断这些手机绝大多数使用两年后应该没有问

2015年华为公开销毁价值2000万元的荣耀手机行动

题,但不能100%确保全部没有问题。怎么处理这些手机?这些手机共17000多部,价值约2000万元,都是当时正热销的手机,市场上经常处于缺货状态。是否可以降价销售,并给消费者说明情况,这样可以减少损失。但荣耀的管理团队认为,荣耀无论是处于哪个发展阶段,品质都应该是第一位的,只有对品质的严格要求,才是对消费者真正负责。

品质一直是荣耀的自尊心,荣耀必须坚守让品质为产品代言。荣耀的产品品质要赶超日本、德国,必须要走这一步,这也是我们一直坚持笨鸟先飞的理由之一。所以,我们最终决定销毁这批手机。

荣耀销毁2000万元手机的事情很快传遍了圈内外,荣耀重视品质的好声誉为"618"打了一场很好的前战。"加1元送1年维保"的优惠,更是成为荣耀品质的又一个砝码。那一年的"618",荣耀成为线上销售冠军。

"618"的胜利给荣耀注入了一股神力。此后，我们便势如破竹，2015 年 10 月份就完成全年 50 亿美元的销售目标，提前两个月完成了当年 KPI（Key Performance Indicator，关键绩效指标）。兴奋的同时，我们想的是，下一步"双十一"怎么赢？兄弟们说：给用户来点实惠的！什么是实惠的？那就是发钱啊。

荣耀决定给用户发 10 亿人民币年终奖！在销售额已达 50 亿美元的基础上，荣耀销售收入每增加 1 亿美元，即向用户回馈 1 亿元人民币，预计回馈金额将超过 10 亿元人民币。发放时间从 2015 年 11 月至 2016 年 2 月，覆盖"双十一"、"双十二"、圣诞节、元旦以及春节等几个节假日。这等于说，我卖得越多发的钱也就越多。这个策略立即激发了整个市场的想象力。

那年"双十一"赢得毫无悬念，荣耀继续成为线上销售明星。那时我们还没有意识到，正是这 10 亿元人民币的回馈，让我们在接下来的半年里遇到更大的困难时，才留住了用户的心。

巅峰跌落，2016 年国内重建荣耀

在一片赞扬声中，荣耀结束了自己的 2015 年，奇迹般地成为当年互联网手机的明星，我的年度绩效被打了个令人羡慕的 A。但我和兄弟们知道，荣耀的问题就像掩埋在海平面下的冰山，稍不留神就会让我们折戟沉沙。

2015 年底为了进一步实现双品牌战略，CBG 在三亚开会，宣布荣耀独立运作，荣耀的零售和渠道脱离老大哥的"势力网络"。线下零起步，线上天猫店拆分，线上销售顿时下滑 40%，荣耀渠道经受着千

锤百炼,不得不经历着组织调整必经的阵痛,开始了二次创业的历程。

没什么好说的,荣耀独立,是必然趋势,也是公司的决定。既然独立,那就真的独立,不依赖,也不当配角,这条路是我们自己的选择。

血气方刚的兄弟们早就憋足了劲要上战场厮杀一场,没有线下渠道,那就自己建。没有渠道人员,那就人人都做一线销售。按照我们内部人的说法:革命时期,厨师都能上战场,我们为什么不能?花粉、GTM、营销等都到一线去做线下拓展,先快速地把班子搭起来。

我一次去河南郑州看市场,问区域销售"没有办公室,你怎么办公?",他很开朗:"就我一个人,哪儿都是办公室啊。"说完哈哈大笑。"如果谈客户怎么办?""那就去麦当劳,干净,夏天还有空调。"

荣耀线下渠道拓展从零起步,战场在哪儿,指挥所就在哪儿

他回过头又跟我说："就是有一点不好，老被他们赶来赶去的。"

我们线下渠道的拓展就是从这样辛酸的故事开始起步。现在我们的线下和线上销售比例已经达到了1∶1，给我们强劲的销量增长打下了坚实的基础，这离不开当年的一个个线下人员"拿麦当劳当办公室"的卧薪尝胆。

2016年，因为独立拆分，刚刚稳定的团队又开始人心波动。销售服务部长、产品总经理等核心岗位相继换人，团队的动荡直接影响了合作伙伴的关系，甚至出现客户说好的50万部提货量，备好了货，竟然又说不提了。我们一次次被突如其来的变化打击得晕头转向。"怎么办？"，成了那年使用频率最高的词。

二次创业举步维艰，所有的冲突碰撞和矛盾问题都在2016年集中爆发，这其实也是我早就预料到的。2015年底当有人夸赞我们业绩如何骄人的时候，我总会说：荣耀总裁这个职位，谁愿意干，我随时让位。这不是一个好活。

2016年，我们遇到的更大的困难是缺少产品。你很难想象，在互联网手机时代，一款产品不得不卖20个月，更难想象的是，从2015年10月28日到2016年4月28日，整整半年时间，我们没有任何新品。

事实上，2015年12月原计划上市荣耀7Plus，想继续用双摄，但这一设计与新双摄交付冲突，当时的决定是：如果想按原计划上市，就不能用双摄。这没什么好犹豫的，大家一致认为要给用户提供最好的技术和产品，我们必须用双摄。没想到，这一等竟然是半年。

半年之后，摆在我们面前的处境更加尴尬。5月已经临近旗舰新品荣耀8的发布，如果刚发完7Plus就发荣耀8，这会让消费者感到困惑。不知道是不是人被逼到绝境的时候，都会急中生智，我们把

7Plus 改了一个名字,"V8",还取得了巨大的成功,同时创造了一个全新的旗舰——荣耀 V 系列!

2016 年,在公司内部,荣耀备受争议。但下半年荣耀重回舞台中心,荣耀 8 成为当年的明星产品,荣耀 6X 成为"双十一"的爆款,一天卖了几十万部,被天猫称为"狂拽炫酷"的荣耀之作。

荣耀在压力下负重前行,但充满激情。最终年底总盘点,我们没有完成高速增长的 KPI,我个人的绩效被打了个 B。但是,这个年底却是我来荣耀最安心的一年:荣耀有了自己的线下渠道,有了自己的明星产品,有了自己的品牌调性。以前我们所有的能力都握在别人手里,但现在已经握在自己手中。

2016 年底,我跟公司领导说:给我打 C 都可以,但绝不容许动我的岗位,我就是赖也要赖在荣耀总裁这个岗位上。因为我相信,2017 年将是荣耀彻底崛起的一年。

反攻收割,成就互联网手机第一品牌

2017 年农历二月开年,荣耀守得云开见日出,成绩非常亮眼:荣耀 6X 施展出独特魔力,引发抢购浪潮,让天猫、京东等电商平台瞠目结舌;2 月 21 日,另一款神机——荣耀 V9 甫一上市便带动全场,成为了明星产品,大家眼中的"性能怪兽"。

荣耀迎来了真正爆发,2017 年稳稳地占据了互联网手机品牌领先位置,荣耀在国内市场发展已经比较稳固了。

审时度势,我们开始果断布局海外市场。

2017 年 6 月,我们在内部宣布要在海外再造一个荣耀。口号喊出来之后,要做的事情可没那么简单。如何建立自己的海外销售网络、

"开放、协作、学习、进取",是流淌在每一个荣耀人血液里的 DNA

自己的游戏规则,对荣耀来说是非常大的挑战。

因为长期依附在华为海外业务和组织身上,我们的思想形成定势,当面临新的策略选择时,必然要经历一段阵痛。Y 国家主管对我说:"Y 国要坚持华为打法,我肯定能做起来。"但兄弟们认为,荣耀如果再走华为的老路子是无法脱颖而出的,但似乎也无法说服他,我们最后决定放手让他去搏。结果,如大家预期,结果并不好。

海外市场的从零开始和模式冲突,似乎正在重演当年荣耀在中国市场的所有遭遇。但让大家感到兴奋的是,我们在重建规则,在主导市场。Y 国迅速调整,重回荣耀轻资产、线上模式,2018 年迎来开门红,一季度销售业绩实现 300% 的增长,荣耀海外整体销售实现了100%的增长。

从国内到国外，荣耀构筑了一条通向未来的道路。荣耀用产品、用业绩证明了自己是"烧不死的凤凰"。

探索试错，乘风破浪终有时

荣耀三年，始终承担了探索试错的重任。荣耀最先尝试双摄，最先采用麒麟芯片，最先发布第一款人工智能手机Magic，最先将线上线下模式融合在一起。2017年底，华为总裁任正非亲自签发奖金改革政策，荣耀再次成为人力资源和组织运作的探索者。2018是AI的风口年，很难想象，几年前当我们陆续发布荣耀Magic、荣耀V10的时候，中国手机行业对AI大多是三缄其口。据我们判断，荣耀在AI手机领域布局时间算是非常早的。

在我刚来荣耀的时候，我和团队就在思考一个问题：荣耀的控制点是什么？我们营销不如别人，不会讲故事，所以控制点显然不是营销。

最后我们把品质、创新与服务这三个点作为荣耀的核心战略控制点，也就是后来大家在2015年GMIC（Global Mobile Internet Conference，全球移动互联网大会）大会上听到的"笨鸟不等风"。我们不做风口上的"猪"，我们是一只笨鸟，笨鸟只做最本质、最艰难的事情。风停了，猪会掉下来。但笨鸟靠自己的翅膀依然可以飞起来。有了这三个核心战略控制点，就意味着我们今后的一切都是围绕产品、服务与创新而来。

2017年12月底，荣耀早早地开了年会，年会的主题是"战全球，守北坡，荣耀再出发"，非常符合我们那时的心境。誓师时，大家喝酒话决心，会后迟迟不肯散去，那些即将要去海外的将士们也无不泪目相拥，我知道，他们心中已种下海外拓荒的决心。青春，就是一场永不停息的奔跑。

荣耀，永远年轻，永远热泪盈眶，永远在自我挑战的征程上！

一群吓不倒的人

作者：汪严旻　*　责任编辑：龚宏斌

　　我最近清理电脑，发现了一份自己 2014 年刚到东北欧地区部时做的规划书。我们做了智能机 1 年内实现 2 亿美元、5 年内实现 10 亿美元的规划。当时，很多人觉得是天方夜谭，但谁都没想到，我们提前 3 年就实现了 5 年规划，3 年内市场份额实现了质的飞跃。我经常问自己，这是怎么做到的？左思右想，这其实靠的是一群最可爱的人，他们是特立独行的灵魂，或激昂或沉默，用青春壮丽的芳华，谱写的一段传奇。

威胁要跳河的凯文李

　　奥地利曾是华为的明星市场，2008 年仅靠数据卡业务就有不错的收入，但奇怪的是，手机业务一直没起色。2014 年，李青华（英文名"凯文"）从销售经理升任终端的国家主管。他名义上是国家主管，其实就管一个做准入测试的同事，还有一个是自己。没钱，没人，没资源，当然也没收入、没利润，更没钱投营销。

　　2015 年的一天，有同事向我传话，说凯文要跳河，我吓了一跳，马上给他打电话,没想到他大笑着说道:"我不是真要跳河,而是表达一种承诺。"

奥地利是发达国家,对外来品牌的产品一向挑剔。凯文一直希望在奥地利能找到突破口,但客户都直言不讳地跟他说,华为知名度不高,又没有品牌投入,销量没保证,不敢贸然接受这个新品牌。不仅客户如此,就连地区部也由于奥地利手机业务没有起色,担心投入的品牌经费打了水漂,不敢轻易下这个赌注,几年来投入很少。

凯文经过大量市场调查和客户走访,预测在奥地利进行品牌投入是值得的,市场回报将会超过预期。经过深思熟虑,他邀请地区部同事来奥地利,他带着大家跑店跑市场,和大家看友商的一块块重要广告牌。晚上他们一直聊到深夜,回酒店的路上经过著名的多瑙河。欧洲的冬天格外漫长,4月了,多瑙河还是显得那样冰冷,春天还没有来到。凯文说:"请求地区部给我预算,让我把品牌做起来。

奥地利团队获公司综合绩效一等奖(左四为李青华)

如果明年业绩不达标,我就表演跳河给大家看。"凯文说得非常认真,一脸不容置疑、坚毅的神情。

后来凯文在电话里又跟我说:"客户希望跟华为合作,对手机P8很有信心,华为自己能不能也拿出信心?如果真投入了,我相信客户的销售业绩不会让我跳河的。"说实话,我被他的激情和担当感染了,当然也认可他的商业逻辑,同意了他的预算申请,决定在奥地利加大投入。

预算到位后,凯文迅速在维也纳国际机场、金色大厅对面等著名地标打出了我们的宣传广告,并利用有限的预算在主要电视台轮番播放了几周的电视宣传片。等客户再次见到他时,很惊讶华为的品牌营销能力,为何能在短短时间内就能迅速全面铺开。

最终,奥地利市场没让凯文李失望,也没让华为失望。这个市场终于被华为撕开了口子,市场份额大幅提升,从此多瑙河边多了一抹华为红。

和麋鹿撞在一起的小王子

东北欧国家,像奥地利这样人口超过800万的不多见,更多的是像立陶宛、拉脱维亚、爱沙尼亚这样人口一两百万的小国。

负责波罗的海三国业务的是严飞,不知为何大家都叫他小王子。2015年,我将他从保加利亚调任去那里,当时三个国家算上他只有6个员工,他是唯一的中国人。

2016年的一天,严飞刚在拉脱维亚的里加拜访完客户,天已经黑了,突然接到立陶宛A运营商高层来电,希望第二天早上9点和我们谈一下后续的合作。

A运营商是立陶宛第一大运营商,但华为手机在A运营商的销售却一直是0。以前几次去拜访,从来都见不到CEO的面,客户每次只派个采购经理见我们。现在严飞听到CEO答应见面聊合作,简直太兴奋了,也顾不上天黑,饿着肚子就开车朝立陶宛的维尔纽斯出发了。要知道,这两个国家相距300多公里,而且多是荒无人烟的森林公路。

车在森林公路上颠簸着,"咚"的一声巨响把严飞吓了一跳。他赶紧刹车,定睛一看,发现原来车撞上了一头横穿马路的麋鹿。下车检查,发现车的雾灯和前保险杠都碎了,更糟的是护板脱落,一副要掉不掉的样子。严飞此时顾不上担心自己和车,更担心的其实是麋鹿,因为一旦把麋鹿撞出个好歹,这在波罗的海国家可是违法的。严飞祈祷麋鹿千万不要出事。凑着车灯,严飞仔细地检查麋鹿,发现麋鹿好像没被撞伤,只是撞晕了。坐在车里又等了一会儿,发现麋鹿摇晃着站起来了,慢慢跑开了,严飞长长地出了口气,感谢

严飞

天和地，继续开着这辆残破的车深夜抵达了维尔纽斯。

第二天，西装笔挺的严飞开着这辆破车去见客户。客户听了他和麋鹿的故事，开心地大笑起来，和华为签下第一份合作协议。这一年的圣诞节前夕，华为的 P 系列手机在 A 运营商门店全面上架，销售迅速攀升。

小王子这几年一直开车在波罗的海三国间奔波，行程超过了 17 万公里。他笑称自己拥有车轮上的移动办公室。而在两年内，单单 P 系列旗舰机在人口不到 600 万的波罗的海三国，就有了非常不错的销量。

五个月学会土耳其语的语言天才

2015 年，王江从巴西被调到东北欧，2017 年被安排去土耳其做终端部长，希望能撕开口子取得突破。

去之前，我找王江沟通，问他打算从哪里找到这个口子。他说："我们作为新进玩家，就必须用他们认可的方式去沟通，唯一能做的就是改变自己。"我万万没想到的是，王江说的改变自己，竟然是自学土耳其语和客户沟通，而且竟然做到了。

王江每天除了繁忙的工作，坚持自学土耳其语。为了学得更好，他还请了一名本地老师，帮他纠正语法、用词、发音、语调，甚至通宵反复练习。经过 5 个月的坚持学习，检验自己的机会终于来了。

马上要召开分销商大会，王江准备用土耳其语宣讲，这可是 3000 人规模的大会。很多人为他捏了一把汗，但王江自己还是自信满满的。宣讲当天，王江讲得很流利，整个宣讲 7 次被掌声打断。一个没有任何土耳其语背景的中国人，只用 5 个月时间，那么流利地用土耳其语做宣讲，客户看到了王江的努力和诚意，也看到了华为的努力和诚意，被感动了，土耳其市场也因此被撬开了。

这次宣讲让王江在土耳其一讲成名。其实，从巴西（本地用葡萄牙语）转过来的他还能说一口流利的葡萄牙语，这也是他自学的。问他为什么学，他说是被逼的。他只是觉得，用当地语言沟通，可以更容易取得客户的信任，可以沟通得更彻底。无论在巴西还是土耳其，王江即使去超市给孩子买纸尿布，也会用葡萄牙语或者土耳其语跟当地消费者聊天，练习语言的同时也获得他们对华为手机的反馈。我一直以为王江是学语言出身的，因此才这么有语言天分。后来才了解到，他其实是一个理工男。王江被我们尊称为语言天才，他的这种语言快速学习能力，也使得他在土耳其快速打开了局面。

王江（左二）在土耳其 HUAWEI P20 系列手机发布会

2018 年年会聚餐后，王江酒后坐在车里忍不住大哭起来。我问他土耳其市场的发展势头那么好，为什么哭。王江说："这是喜极而泣，不容易啊。"原来，成绩的背后都是执着的付出。

安徒生童话王国的雷神 Thor

2016 年的一天，消费者业务 CEO 余承东给我发来一段语音："严旻，你们在哥本哈根新港的广告钱是从什么地方出的？"我正疑惑是不是哪里出了什么问题。余总又发来一段："那个地标华为 Logo 做得很不错啊！我受到别人表扬了，我的同学一家在那里看到华为 Logo 立在景点旁边，兴奋地发照片给我，说是很亲切、很自豪。"

丹麦哥本哈根新港，这里有全欧洲最长的步行街，旁边是丹麦的国王广场。这里还有很多建于 17 世纪颜色鲜艳的住宅、酒吧餐厅和咖啡馆。华为 Logo 就在国王广场和新港中间最醒目的位置。在这里做广告，不仅能覆盖丹麦人，还可以覆盖来这里旅游的 5000 万游客，包括 30 万中国游客。拿下这个广告牌，其中的功臣是 Thor（读"索尔"），一个终端本地主管，因他与著名电影《雷神》的主人公同名，所以大家都亲切地叫他"雷神"。

雷神最早只是客户门店的一名普通销售员，后来加入华为，从初级销售经理做起，一步步成长为国家的销售主管。2015 年，我有一次去丹麦出差，雷神跟我说："丹麦 50% 以上的人用的是苹果，剩下的大部分会选择三星。华为这样的新进入者会非常不容易。我们要成非常之事，就得先为非常之举。"我问他："那你打算做什么非常之举呢？"他说："譬如先在人流最多的地方立一个华为 Logo 做品牌。"这个想法太大胆了，地标不是你想立就能立的。

几个月后我接到雷神的电话："Mr. Wang，我们拿到新港地标了，We made it（我们做到了）。"电话那边的语气兴奋得像个小孩儿。

我们的运气确实很好。在新港树 Logo，需要政府批文，而这个批文很难拿到，目前只有"琥珀屋"有批文，但上面已有另一个品牌的 Logo 了。于是代表处就派人去拜访琥珀屋的经理人，问可否替换成华为的，价格可以重新谈。但经理人很明确地拒绝了我们，说这个不是钱的问题，因为这个地标位置只给国际大品牌，华为还不行（至少在丹麦人看来），而且他们跟原来的品牌签了长期协议。

不过这没有吓倒我们，我们一直在等待着机会。到了 2015 年 10 月，机会终于来了，原来的品牌厂家合同即将到期，我们第一时间了解到这一信息，于是直接去找了业主，一位 80 多岁的老人家。一开始业主还犹豫，担心华为品牌不够大牌。我们给业主介绍："其实在丹麦，早就有很多消费者在使用华为的产品和服务了。华为这几年一直给丹麦的运营商提供通讯设备和终端产品，你 4G 手机使用的信号基站就是华为提供的。华为还是很大牌的，只不过我们一直很低调。其实华为已经融入到丹麦人无处不在的生活里了。如果能给这样一个品牌展示的机会，也是很有成就感的一件事。"业主听了哈哈大笑，表示认可，把这个机会给了华为。

在新港的华为 Logo 只是我们在丹麦品牌建设的一小步，随着这几年的持续投入和辛勤耕耘，华为手机在丹麦的品牌认知度得到了空前的提升。2017 年，华为手机还被丹麦权威机构 YouGov 评为当地成长最快的品牌。

这些成绩都离不开以雷神为代表的本地员工的付出。雷神的家离公司有 100 多公里，每天来回开车 4 个多小时，但他还是经常会和团队工作到深夜。即使休假，雷神也不耽误工作，不管有多晚，

丹麦地标区域内的华为 Logo

雷神（右一）与余承东

邮件都会第一时间响应。

后记

从波罗的海的风到爱琴海的蔚蓝,从奥匈帝国的辉煌到拜占庭的灿烂,北欧极昼的光照耀到地中海岛屿折射出绚烂的色彩,芬兰渔场的风吹动黑海绚丽的波澜……我经常被这些可爱的兄弟姐妹们感动,他们来自不同的地方,说着不同的语言,但他们面对困难却百折不挠,一步一步前进,把华为 Logo 插遍东北欧的每一个角落。

看不见的 U 盾

作者：高居甲　常新苗　*　文字编辑：霍　瑶

　　现在，用互联网进行金融支付、转账已成为日常，在电脑 PC 端上，我们习惯用 U 盾来保障大额支付和转账，随着手机开始取代电脑的各种功能，移动支付蓬勃发展，但移动金融的安全却是痛点。无论是监管层、银行、第三方服务提供商，还是手机厂商、解决方案提供商，整个产业链都在思考，如何保障消费者在移动设备端进行各类金融业务的安全和便捷？

　　2017 年 10 月，华为在业内率先推出了内置手机盾的手机 Mate 10，可以有效解决这个问题，有了这样一部自带 U 盾的手机，就等于为移动支付加了一把锁。

我们研发出了首个手机盾

　　近些年来，移动支付安全事件频发，作为国家金融最高监管机构，中国人民银行一直鼓励手机厂商使用 TEE（Trusted Execution Environment，可信执行环境）、SE（Security Element，安全元件）等硬件级安全技术来保护移动金融业务。CFCA（中国金融认证中心）

是我国金融行业的最权威电子认证服务公司，在移动金融安全方面是先行者。我们与 CFCA 多次交流，了解到通过硬件保护来实现移动支付的安全，是基于手机的底层安全能力技术，华为是完全有能力、有把握在手机端打造出一项符合央行要求的安全支付环境、结合 CFCA 数字证书的技术，从而实现手机盾的功能，并且安全级别和现有 PC 端的 U 盾持平。

手机盾对于华为来说，是一个新兴事物，从芯片到卡商，从国内到国外，都有行业巨头在把持着传统的 U 盾行业，对于华为负责手机盾研发的工程师们来说，手机盾的研发也是一个新挑战。

2016 年 3 月，手机盾项目组正式成立。现在回忆起这一段研发时光，软件工程安全工程部工程师徐工形容是摸着石头过河，因为手机盾是一个完全新的产品，大家能看到的都只是冰山一角，完全不知道接下来会遇上什么。

随着我们的一步步摸索，研发的环节还比较顺利，但是我们这时候遇上了一个难题，手机盾并不是一个单一的产品，它需要架构在三个操作系统上：手机的安卓系统、TEE 和 COS 系统（Card Operating System，卡片操作系统）。当我们使用手机盾的功能时，安卓系统接收到指令，传递给 TEE 系统，处理完毕之后传递给 COS 系统，从而完成一系列动作，但由于 TEE 只能进行单线程的操作，有些算法耗时较长，这就会造成手机无法处理其他进程了。打个简单的比方，如果你使用手机盾的时候，手机屏幕突然黑了，需要用指纹解锁，但是此刻手机盾的进程还没有完成，因此指纹解锁的功能也无法使用。

这个问题让我们一扫之前研发进程顺利的喜悦，赶紧联合海思的同事们一起想办法，大家讨论了两天，会议室的小白板擦了写、写了擦，可能有成千上百次，终于想出了一个风险最小的方案：我们将 TEE 系统改进一下，让它具备并行处理多个指令的能力。这样说起来好像很容易，但背后是我们整个项目组的奋力攻关，这段时间也让我们越来越理解那句话：伟大的背后都是苦难！

终于，攻克了各种技术难关，通过了压力测试，我们的手机盾产品终于研发成功了！

百般磨砺练就的标准

手机盾是一个新兴的行业，又涉及和消费者息息相关的金融安全，是整个行业和产业链关注的热点，监管机构及产业链各方一致认为，首先要有标准，这样整个行业发展才会更规范、更健康。我们也想，如果华为手机盾发布上线使用后，就已经符合行业标准，通过金融监管体系的认证，客户使用起来也会更加安心。

2016 年初，央行牵头组建标准工作组，包括华为、CFCA、中金国盛、阿里巴巴、腾讯、豆荚以及多家银行在内的产业链代表，共同研讨手机端的支付可信环境标准的研制，主要聚焦在如何结合 TEE 和 SE 技术在手机上构造一个可信的支付环境从而制订出相关的技术标准，即《移动终端支付可信环境技术规范》。

一切从零开始。这个标准的框架打造到底该从哪里入手呢？其实大家刚开始一筹莫展，手机盾业务涉及手机生产商、数字证书机构、银行等多方。作为主要起草单位之一，华为率先提出标准应该分为两个部分，一个是手机盾的业务实施各环节要求的标准，另外一个是手机盾业务载体的安全可信要求的标准。按照这两个部分来制定标准，将非常有利于银行、手机厂商等在各个环节角色的定位，清晰界别不同方的所需参考和遵循的不同标准。

工作组的成员构成正是中国移动支付产业链上的中坚力量，在央行的带领和牵头下，大家聚在一起开始激励、碰撞。

印象很深，对移动终端的不同安全部件和不同安全要求已经讨论得比较充分的时候，一个问题浮现出来，是不是所有的设备都要具备这些部件和满足这些安全要求？比如，用 PC 端转账时，像 100 元这样的小额面值可以直接转账，但是 10 万元这样的大额面值就必须通过 U 盾进行操作，这两个转账情景模式都是可信环境，但是两者所处环境的安全等级明显不一样。

针对这个问题，我们华为团队提出了"安全能力"分级的理念：通过对智能终端设定相应的安全等级，可以有效地让银行和消费者明白所要进行的不同的金融业务如何对应不同安全等级的智能终端，从而有效牵引整个手机盾产业。这个提议得到了工作组的支持。

接下来针对如何设定安全分级方案，我们先后又进行了 5 次专题讨论。讨论会的气氛一直都十分热烈，我们也发现每次会议参会的人越来越多，渐渐地会议室已经都坐不下了。我们在心里感叹，这个问题的热度真是超出了我们的想象。第 6 次会议之后，工作组终于完全达成共识，根据移动终端所支持的运行环境的不同，将支付可信环境分成四个大类别。在每一类别定义了该类别应具备的安全能力的最小集合，只有具备了该类别所要求的全部安全能力项，才可以被标为该类别的移动终端支付可信环境，可以进行相应的金融业务。

其实关于安全能力分级的讨论只是一个缩影，标准的制定就是这样一个反复 PK 直至达成多方共识的过程，标准中许多定义要求就是这样一次次会议研讨出来的。

在标准进入报批阶段后,为了更好评估可行性和准确性,扫清市场应用过程中的风险,在央行科技司的推动下,华为作为首家试点,同中金国盛和银行卡检测中心开始了初次检测认证评估工作。此次试点测试,不仅是对我们所制定的标准的考验,也是对我们华为产品的考验:华为的手机在符合标准的情况下,每天要接受无数次攻击,只有通过重重考验,才能验证标准的安全以及华为手机盾的安全性能。

作为一个全新的测试项目,检测机构需要从零开始设计测试样例,认证机构要事无巨细地详细记录过程中发生的任何问题以给出首次认证所收集到的全方位评估的素材,我们也全程参与,提交了上百份设计文档和说明文件,研发人员驻守在现场,对出现的每一个问题进行排查。经过几个月的攻击,首次检测评估终于完成,既验证了华为产品的可靠,又检验了标准制定的可行性,坚定了产业链各方对手机盾业务上市的信心。

峰回路转,建行率先上线

万事开头难。在央行标准尚未完全发布,产业还没有完全成熟的时候,谁会是第一个吃螃蟹的业务方呢?寻找手机盾的首发合作伙伴成为一个关键问题。

在和几家银行的负责人沟通后,我们发现大家在技术上都比较肯定手机盾的价值和前景,但在谈到业务落地时,很多人在观望,所以一段时间内进展就相对比较缓慢了。我们当初欣喜期待的心情逐渐开始有些迷茫和困惑，但这时，转机已经悄然而至。

8月的一个清晨，我们突然接到建行总行科技部领导的电话，说正在与总行业务部领导及深圳分行的负责人在一起开会，希望我们可以借这个机会和一线业务部门介绍下产品。原来，在这之前的一次交流中，我们与建行总行科技部介绍过手机盾，他们十分看好，没有想到这一次交流就播下了日后合作的种子。

经过充分准备，我们和深圳分行领导见面了。在会上我们全方位介绍了手机盾这款产品的特点及应用。让我们感到兴奋的是，拥有大量手机用户的建行也一直在关注着移动端金融的发展趋势。大家的创新思路十分吻合，看法也比较一致。针对手机盾，深圳分行不但对产品本身很认可，而且在产品应用场景上更是有独到的见解。深圳分行方面提出，手机盾不仅可以针对个人用户无介质解决大额转账的痛点，而且在企业用户中还可以实现企业在线网银制单、在线复核等功能上的亮点，从而满足企业各类场景下移动支付的需求。听到这里，大家都情不自禁地鼓起掌来，我们和深圳分行不仅想法一拍即合，而且大家的想法还碰撞出了一系列的火花。

不久，深圳分行方面传来好消息，他们表示愿意主动承担起试点的工作，并且建行总行也很认可深圳分行的创新试点，于是手机盾试

中国建设银行深圳分行成为手机盾的试点单位

点就拉开了序幕。深圳的建设银行用户，只要有一部配备了手机盾的华为手机，就可以安全、简便进行支付、转账、代扣、还款等诸多金融业务了。

手机盾的闪亮登场

2017年10月20号，华为Mate 10发布会于上海召开，华为消费者业务CEO余承东信步登上舞台，从裤子口袋和西服口袋里掏出了最新的两款Mate 10手机，点亮屏幕给大家展示拍照。随后，他开始了Mate 10新品的讲解，他骄傲地宣布：华为手机盾首家通过金融级评估测试，已经和业内有影响力的合作伙伴首发，建设银行、徽商银行和支付宝成为首批上线的金融机构。台下的团队成员，纷纷举起手机记录下这个珍贵的瞬间。为了这个时刻，我们付出了太多的辛苦和努力，不过现在这一切都值了。

手机盾也立刻在整个金融行业掀起了巨大的反响，国内外多家媒体都对手机盾的创新做了大量报道，朋友圈也一时被华为手机盾刷屏。发布会后短时间内先后有十几家业内有影响的银行纷纷来电，强烈表达了想和华为合作手机盾的意向。目前建行、支付宝、徽商银行、晋城银行已经正式上线，中国银行、晋商银行、南京银行等也在紧锣密鼓公测中，即将正式全面商用。

同时，我们还很开心的是，《移动终端支付可信环境技术规范》也在大家的期待中正式发布了，这代表了国家最高金融监管部门对我们创新思路的认可，为我们产品在整个金融行业的推广铺平了道路，让我们可以更加有底气地推广和介绍我们的手机盾了。不仅各家银行，还有第三方支付机构也都在认真研读这个标准，华为通过该项标准的检测评估也给予了他们极大的信心和动力。

如今，有越来越多的消费者使用手机盾保障移动支付的安全。我们深知，手机盾的问世是整个产业链共同努力的成果。我们也坚信，在行业方方面面合作伙伴的共同努力下，手机盾这个看不见的安全锁将会牢牢守护着消费者的钱袋子。

天山下的华为红

作者：朱振伟 * 文字编辑：肖晓峰

2014年4月，负责大中华区某运营商终端业务的我，第一个报名去新疆拓展公开市场的终端业务。

这一年，我29岁，据说是大中华区代表处最年轻的终端业务主管。要不说年轻人无知无畏呢，当时的我想撸起袖子甩开膀子大干一场，不就是卖手机吗？能有多难？后来我才知道，这是一片完全不同于运营商业务的丛林，而在地广人稀的新疆，更是难上加难……

谁帮我们把手机送到消费者手中？

2014年，中国通信市场4G到来，智能手机消费升级，各手机品牌厂商激战正酣，一直以B2B为主的华为终端业务也面临向B2C的全面转型。

走向公开市场，意味着面对的不再是一两个运营商客户，不再是通过集采选型把货发给客户就万事大吉，而是一个又一个未知的消费者，我不知道他们是谁，他们在哪里，他们喜欢什么，我要怎么把手机一部部送到他们手中？

新疆，占据 1/6 的国土面积，全疆总人口数相当于一个上海。当时华为在新疆没有渠道，没有门店，团队正编也不过 5 人，还都是做运营商网络业务出身，终端销售零经验。一无所有的我们，就靠这几条腿跑遍全疆 160 多万平方公里的土地，这显然不可能的。

适逢大中华区要求我们首次通过 FD（Fulfillment Distributor，直供分销商）模式快速找到零售合作伙伴，帮助我们把手机最快送到消费者手中。我有点慌，怎么找？

那先用最笨的方法吧，扫街找人。我把人全部撒出去，在乌鲁木齐和 16 个地州的手机店铺挨个看、挨个问，发现店面多且杂，基本是每个店面的经营者都不同。市场变得复杂，以前的套路不管用，也没有人教我，我开始迷茫了，根本不知道该打哪一张牌，最后穷尽所有资源，找出了地州的核心商圈，并在每个地州圈出了 5 家零售商。

我们接着兵分多路开始与零售商逐个谈判，然而进展极为不顺。第一次和他们沟通，零售商开口就问："提单价是多少？导购员应该是什么样的？你怎么给我做返利，做零售激励？……"一堆新名词蹦出来，我一头雾水。虽然他们知道华为，对我们的态度还算友好，但他们认为我们在终端销售领域就是门外汉，对华为在公开市场能不能卖手机毫无信心。两三分钟后对话就无法进行下去，只剩下一脸的尴尬，我只好直截了当地说："大哥，您看能提多少货，店面能帮我们卖多少部手机吧？"

结果可想而知，零售商对我们关上了合作的大门。

零售商夫妻玩心理战

吃了闭门羹后,我开始反思,谈业务我们还不专业,那就先避开短板,把焦点转移到零售商对华为的信心和对华为手机的兴趣上来。

打定主意后的某一天,我去库尔勒找当地一位知名的零售商沟通。进门之后发现对方是一对夫妻,我赶紧先向二人递上名片说明来意,女方只是点了点头,一言不发,闷头擦桌子端茶倒水,男方负责和我谈判。我开始介绍华为的发展历程,讲华为的文化,讲华为终端未来的一些规划,讲华为手机的亮点,讲我们怎么可以让客户赚钱……3个小时下来,我叽哩呱啦说了两个半小时,然而客户一直反应冷淡,不怎么回应也不明确拒绝。

到了吃饭时间,出于礼貌,对方邀请我们共进晚餐。男方坐主位,女方还是一声不吭。为缓解尴尬,我只好拿出手机一边操作一边继续介绍性能,并告诉他们即将上市的Mate 7是一款高端机型,有大屏、指纹识别、长时间续航等市面上大部分品牌手机不具备的特性。男客户还是不怎么说话,这可真让人摸不透。口干舌燥说了一个小时,这时女客户突然打断我,朝男客户开口,说了我们见面4个小时以来的第一句话:"老张你来这边坐,我和朱总沟通一下。"我心下一惊,恍然大悟,敢情女方才是幕后大Boss,男方只是副手啊。

经过这番暗中观察后,谈判竟变得顺利起来,对方成为我们第一个零售合作伙伴,如今是我们在新疆最大的零售合作伙伴之一。后来对方告诉我,论终端营销能力华为当时根本不行,但打动她的是华为产品本身,是华为人身上的韧劲。她觉得华为人会想尽一切办法把目标达成,那华为手机肯定也大有可为。她愿意赌一把。

新品上市，战前培训

然而，即便如此，到 2014 年 9 月 Mate 7 上市前，我们也只找到 4 家零售合作伙伴。10 月，Mate 7 火爆全国，那些当初拒绝我们的零售商主动来找我们，我们的渠道才慢慢建立起来。

为了匹配业务需求，我们也开始了艰难的专业能力提升之路。从大半年每天日均通话 74 次，忙于救火，到后来，白天跑渠道、站门店、入驻核心商圈建市区体验店，晚上学习如何看销售数据，建好终端的流程，培训导购员技巧，学习友商和其他消费品做法等等，我们逐渐摸索出了终端业务的些许门道。

到 2015 年底，我们在新疆 16 个地州零售合作伙伴增至 15 家，华为手机全年销量比 2014 年翻了一番。原本冷清的华为手机在新疆迎来了春天。

打通最后一米

在 B2C 道路上摸索着前行的我们尝到了一点甜头，我有点沾沾自喜，认为自己两只脚已经迈入了消费品的领域，然而2015年底全省业务研讨会上，伊犁零售督导的分享让我们有了进一步的思索。

一位汉族大叔坐了3个小时的车从县城来到伊犁州府的华为手机门店，咨询手机问题。大叔在县城买了一部华为手机，但不会使用手机的一些功能，并且以为华为手机没有这些功能，怀疑手机坏了。

大家一下子炸锅了。原来，我们的业务人员在地州市开展零售业务时都遇到了相同的问题：县城消费者不能第一时间找到华为的门店，也没有导购员为他们讲解华为手机的功能，他们享受不到华为的服务。

我们忽略了一个最关键的事实：我们的最终客户是消费者。即便我们通过渠道第一时间把部分产品送到了消费者面前，但产品的体验却没有同步送达。唯有进一步下沉，在广阔的土地上我们才能找到离消费者更近的地方。

2016年上半年，大中华区在全国范围内开展了一场声势浩大的"种地行动"。当时我们在新疆有近40名业务人员，我对照新疆地图给大家分任务：95个区乡镇，2000万人口，我们要在2个月内整理出全疆县城零售市场的沙盘！

最终，我们细分出88个核心手机商圈，大致确定了让消费者看见华为的策略：县区人口不多，但集中度高，口碑传播快，我们要至少建1个消费者容易找到并能提供持续高效服务的县级体验店，打通和消费者之间最后一米的距离。

7月，渠道商告诉我，在阿克苏兵团的县级市阿拉尔，有一家手机零售商有意愿建华为门店，目前正在谈判中。我一听有戏，等不及就直接杀了过去。零售商是福建人，回老家发现华为在市区的体验店还不错，但担心在新疆的县级市场消费者不买账。我拉着对方做实地调研,来个消费者我就问:"你知道华为吗?知道华为的哪款手机?"让我们欣喜的是,每个人都知道华为手机,对华为手机的普遍感知是"质量挺好的"。接着,我又拉着他转店,十几家手机店只有一家卖华为的一款产品,还是2013年出产的。而零售商也告诉我,他身边的很多本地朋友用的是高端机。

答案很明了:消费者不缺购买力,不缺对华为的品牌认知;缺的是,可以为他们提供华为手机的地方,可以享受到的华为更好的产品和服务。

这下对方有信心了,决定和我们一起建体验店。我们按照华为在全国统一的建店标准,在消费者的所有触点上,统一门头,统一标识,统一灯箱片,统一广告宣传,并帮助他们培训导购员,统一着装,统一微笑服务……一传十,十传百,华为手机渐渐有了口碑,

乌鲁木齐市丹璐华为体验店开业

越来越多的消费者前来购买，华为在县级市场逐渐有了知名度，到 2017 年底，我们已经建了 40 多家县级体验店，新疆辽阔的大地上终于飘起了一致的华为红。

因地制宜，让最懂消费者的人来服务

零售业中总会提到"人、货、场"，场地已搭好，货的质量也有保证，接下来就是如何围绕人（消费者）去做工作了。

每天巡店、每月站店是每一个业务主管的必修课，可我在乌鲁木齐、伊宁等地站店时发现服务存在不少问题，如导购员只"秀肌肉"但不说有"肌肉"能干什么，消费者得不到想要的信息；店面的样品陈列不丰富，和消费者互动少、体验感、参与感差；已有华为产品的用户、有售后困惑的用户也会到店咨询，但得到的服务和关注较少；不少店面买不到华为配件；新疆是多民族区域，部分少数民族用户在交流中因沟通障碍，最后无果而归……

围绕这些问题，我们通过店面调研和消费者沟通，从"售前、售中、产品使用、售后"各环节端到端了解消费者最希望厂家提供服务的几项内容，并落实到所有店面中去。

地处新疆南部的和田地区，维吾尔族人口占比 95% 以上，当地以维吾尔语为主，其中仅 20% 的老百姓懂双语（汉语和维吾尔语）。和田的城市代表第一次站店，有维吾尔族消费者驻足在华为专柜前想了解手机的功能，他和汉族导购员试图用汉语和对方交流，发现对方一句都听不懂，他们自己又不会维吾尔语，只能努力比画，对方一脸茫然，最后失望而去。

要让语言不再成为我们和消费者互动的瓶颈，让最懂消费者的人来服务消费者。我们利用当地媒体用维吾尔语发布招聘启事、找业内人士推荐、店面走访……通过多种渠道招聘维吾尔族员工。一开始招聘很困难，语言交流上的障碍以及本地人对华为的品牌认知度不高，半个多月过去，一个合适的人都没找到。无奈之下我们只好找当地零售商帮忙，通过共同招聘，终于找到了会双语的导购员。同时，为了让消费者有更好的视觉感知、更直观了解华为手机，我们和维吾尔族员工一起重新打造了店面的形象，在肉眼可见的灯箱片、人形牌、专柜、堆头等都加入了维吾尔语的元素，让消费者一望即知、一看即懂。

为避免"秀肌肉"时知其然而不知其所以然，我们一遍遍培训导购员行销技巧，让导购员对华为手机的特性、参数、芯片处理器、操作系统等了如指掌后，再去与消费者沟通。还记得，2016年10月，手机nova上市，一个30岁左右的青年人来到华为专区，说他在县城看到了产品宣传海报，对海报上介绍的拍照功能很感兴趣，维吾尔族导购员专业讲解，对答如流，青年人很满意，不到10分钟，就愉快地下单购买了1部。

新疆是一个少数民族聚集地，分布有47个少数民族，未来我们还将进一步挖掘少数民族消费者的真实消费诉求，为他们提供量身定制的体验服务。

位于中国西北边陲的新疆，一条东西走向的天山山脉贯穿全境，冰川、湖泊、草原、森林、牧场、河流……这里有着在我眼中全世界最好看的风景，然而，这里最初也是华为终端市场的一块盐碱地。幸运的是，我们在痛苦中转身，在转身中成长，不断加深"以消费者为中心"的认知，全面提升面向消费者的服务，通过几年的努力，终于让华为红在天山脚下飞扬。

跨越工卡的边界

作者：杨心蕊　Danimar Cohelho　杨　鑫　Cagdas Sendur　*　文字编辑：刘　军

华为服务专营店店员、热线接线员、官网客服等是华为终端的一线服务人，是离消费者最近的一群人，无论你是咨询问题、购买手机还是售后服务，都离不开他们。这个在全球拥有8000人的服务队伍，虽然大部分是合作伙伴的人员，但都践行着"将每一次服务变成消费者温暖的回忆"的华为服务理念。

温暖，听得见
（杨心蕊　哈尔滨华为客户服务中心技术顾问）

我在哈尔滨华为客户服务中心担任技术顾问，每天的工作就是帮助客户修复有问题的终端设备。

那天我拿到一部P8故障手机，顾客反映"用耳机听音乐、接电话时偶尔听不到声音"。我对手机进行了20分钟的测试，也没有出现顾客所描述的现象。于是我走出维修间，找到顾客廉先生，想要了解详细情况。当我看到廉先生时，我瞬间明白了修复这个故障对他来说有多么重要。

认真维修中的杨心蕊

廉先生听力不好,耳朵上戴着助听器,和我的沟通主要靠他的妻子。我特别理解廉先生的感受,我姨父也有听力障碍,因为佩戴助听器,无法直接把手机放在耳边听声音,只能通过耳机才能听到手机的声音。在姨父的世界里,声音是很美妙、很珍贵的东西。我当时心里就默默告诉自己,我一定得想办法把他的手机修好,而且这是我能做到的。

我跟廉先生达成一致,把手机留在服务中心维修,等修好了再通知他们过来领取。在对手机进行了持续的测试后,在第二天早上10点左右找到了故障的原因,我当时高兴坏了:原来耳机孔小板出了故障。我给手机更换了耳机孔小板,问题自然就解决了。

但考虑到廉先生家离服务中心需要4小时的车程,来一趟不容易。我需要确保这个故障不会再次出现,因此我通过听音乐和打电话的方式来反复测试,直至确定耳机孔未再出现类似的故障。

第三天,我打电话通知廉先生的妻子来取手机,他妻子告诉我,他们拿了手机就得着急走。为了节省他们的时间,我告诉她我对手机进行了测试,如果他们着急走,我就提前把听音乐和电话的记录清空。但廉先生的妻子要求我保留这些数据,他们想了解我做了多少测试。

在廉先生取走手机后的第五天,一个包裹被送到了哈尔滨客户服务中心,里面有一面锦旗和一封感谢信。从信中内容得知,原来廉先生在查看测试数据时发现了手机在维修期间有几百首音乐的播放记录和几十个通话记录,他深深地被打动了。

其实在我看来,这只是日常的普通工作。"始终积极面对消费者的问题并迅速解决消费者的问题,做问题的终结者",是华为终端服务一条重要的承诺。站在消费者的角度,感同身受地帮助消费者解决问题,即便只是更换一个很小的零件,都能让消费者感受到我们服务的温暖。

三顾马德里服务中心,她成了华为的粉丝
(Danimar Coelho 西班牙马德里华为客户服务中心店长)

又是一个平常的周六,临结束营业前的 20 分钟,一位顾客急匆匆地来到服务中心,她看起来非常着急和无助,我赶紧走过去,看看有什么可以帮助她。

这位名叫 Maria 的女士着急地说,她刚从马略卡岛飞到西班牙首都马德里,在来的路上把华为手机遗失了,而她还要在马德里出差一周。"所有的联系方式和工作邮件都找不到了",她内心的焦虑可想而知。我给她端了一杯水,耐心听完她的讲述,然后教她通过邮箱账号来恢复联系人和邮件。临走前,我建议 Maria 女士最好去报警,并承诺,如果遇到其他问题,可以来找我。

周一早上,Maria 又来到了服务中心,她的朋友借了一部其他品牌的手机给她,希望我帮她恢复联系人并设置手机。这位顾客的要求很多,虽然她使用的是另一个品牌的手机,但我仍然决定要帮助她,因为在我看来,这是顾客的一种信任。

她的手机没有电话卡无法使用,她需要先去运营商那里补办电

马德里服务中心的伙伴们

话卡。于是我帮她查到了服务运营商地址。一小时后 Maria 回到服务中心，我顺利帮她找回了联系人。

几天后的下午 5 点钟左右，Maria 第三次来到服务中心。她当天要回马略卡岛了，临走前来和我道别，并且想在服务中心买一部新的华为手机。Maria 像个朋友一样跟我告别，我感到很开心，这说明我获得了她的信任。但马德里客户服务中心不销售手机，所以我引导 Maria 去了附近的零售店去购买。最后 Maria 带着一部新的华为 P9 回了家。她跟我说："在马德里，你们给我留下了美好的记忆，非常感谢你们的服务，让我更喜欢华为这个品牌了。"

"我们借助消费者对华为服务的温暖感知，通过消费者口碑影响更多的人。"我认为售后服务，不仅仅是把机器维修好，更是要建立好与消费者之间的连接。随时准备好尽最大努力去帮助每一位顾客，这是我的工作准则。

从投诉到点赞，有时只需多问一句

（杨鑫　华为消费者联络中心上海站点热线坐席、质检专员）

我在华为消费者联络中心上海站点工作两年了，其中在热线坐席做了一年半，现在任质检专员。作为一线员工，有时需要承受巨大的压力，尤其是当接到来自客户投诉的时候。投诉往往意味着客户带有不满的情绪和抱怨，我们必须用一种正向的态度对待。我们坚信，消费者与我们的每一次接触，都给了我们一次温暖消费者的机会。

去年6月份，我接到北京曹先生打来的电话，曹先生说他是第一次买华为的手机，包装盒里竟然没有说明书，他非常不满。他认为这种设计没有考虑到高龄用户的需求。我一边耐心倾听，一边安抚他的情绪。等曹先生平静下来后，我跟他解释说，由于说明书内容较多，我们在包装盒里配备了快速指南，但是用户可以在手机的会员服务APP上找到使用手册或者在终端官网上下载说明书。曹先生依然不能接受，坚持要进行投诉。

我们一般的处理方式就是接受客户的要求，升级到投诉部门去解决。但凡事有果必有因，我决定再多问一句："您需要说明书是遇到了什么困难吗？"果然，曹先生这才告诉我，他不知道如何将手机里的照片传到电脑上。于是，我通过电话一步一步教曹先生怎么操作。由于曹先生对手机操作不太熟练，整个过程花了将近3个小时。

在我看来，客户的投诉并不针对个人，而是针对产品或者服务。所以我喜欢多问客户几个问题，从不同的角度了解他们真正的需求，挖掘他们没说出来的那些话。最后曹先生不仅撤销了投诉，更对我们的服务提出了表扬。我印象最深的就是他说的那句："你们的服务代表着华为的品牌,只有服务做得好,华为才会越做越好。"这让我感受到了一种使命感。

同时这也让我意识到,其实很多客户寻求帮助,并不是产品出了问题,而是不会使用华为产品。因此,服务人员要用通俗易懂的方式,去帮助消费者更好地使用华为产品,了解华为产品,这也是华为终端服务很重要的内容和目标。

我从最初的热线坐席做到如今的质检专员,承担了更多的责任。我也曾被骂哭过,也曾因为压力太大想过离开。但是每当想起客户对我的认可和鼓励,我就把这些念头抛在脑后。我现在只想踏踏实实地做好质检,通过聆听录音发现更多的问题,帮助小伙伴更好地服务每一位客户。

小伙伴们接受新产品培训

一小时的服务，赢得了一位华为品牌大使

（Cagdas Sendur　荷兰阿姆斯特丹华为客户服务中心店长）

2017年的10月11日，一位60岁的女士走进了阿姆斯特丹服务中心。她有点害羞，甚至有点怯生。我注意到这位女士，上前询问她需要什么帮助。

原来这位女士在朋友的推荐下买了华为P10手机，手机刚拿到手，但她却不会使用。她看到我们服务中心的华为标识，想着也许我们能够帮助她，就进来打算咨询一下。她当时还担心，她并不是来维修手机的，会不会不被认真对待？但对于我们来说，来者皆是客，都要用心对待。我向这位女士保证会尽力帮助她，并给女士倒了杯咖啡让她放松一些。

我认真倾听完她诉说自己的经历和苦恼，知道她最关心的是旧手机上的资料如何复制到新手机上。我帮她完成了手机的相关设置，并通过华为手机特有的克隆功能帮助她完成了所有资料的复制。

女士高兴极了，她不知道原来资料复制还能这么方便。我还给她讲解了手机的常用技巧，鼓励她更多地了解手机的功能，发现更多的乐趣。当时，虽然我的同事也在服务其他顾客，但在她后面还有人在等待服务，她不好意思地对其他客户说道："抱歉让你们等待了那么久，你们可以先处理，我可以后面再处理。"可让我和这位女士都感到暖心的是，虽然免不了有人会抱怨，但大部分顾客并不介意，排在她身后的顾客笑着说道："不要紧，我们可以等您处理完，会轮到我们的。"

这让我学习到了很重要的一课，当我们在用心服务当前的顾客

华为客户服务中心

时,其他正在等待的顾客是看得到的,他们会更加相信自己即将获得的服务是高质量的。

为了解决这位女士的问题,我花了 70 分钟帮助她从零开始了解这部手机。这位女士非常感谢,她说她会让身边的人都知道她在华为服务中心获得的难忘服务,从此以后她愿意成为华为的品牌大使。

"始终把握每一次沟通机会,让消费者能更简单轻松地使用 HUAWEI 产品",有时候,我们只需要花 1 个小时就能让我们的顾客开心和满意。1 个小时,就帮我们赢得了一名品牌大使,我认为这是无价的。

编后语

虽然这样温暖的故事每天都在上演,但我们也深知,一些消费者也遭遇了不好的服务体验。这与我们的初衷是相违背的,我们要在反思中不断提升和完善华为终端的服务体系和能力。

华为终端近几年在全球快速发展,服务体系在这几年也随之成长,但在覆盖和体验方面还有不足之处,尤其是线下的服务中心和线上的服务能力还跟不上业务的发展。下一步我们将继续提升线下门店的覆盖,并建立自主服务能力,更多地介入到服务管理中去,使前台实现服务标准化,扎实后台支撑能力。

我们相信,通过每一个终端服务人员的真诚用心服务,我们能做到让温暖看得见、听得着、摸得到,将每一次服务变成消费者温暖的回忆。

没有固定赛道的比拼

作者：朱　平　*　文字编辑：肖晓峰

2014 年 3 月，我加入终端团队负责中国区业务，之前有十几年的 ICT（Information and Communications Technology，信息和通信技术）网络业务经验，做过产品经理也做过客户经理，以及国内、海外、跨国运营商等管理岗位，但做终端业务却是一次全新的转型。一晃 4 年多了，我们在这片没有固定赛道的丛林中不断摸索前行，深感这个行业的复杂多变，体会到其中的曲折艰辛，也为通过大家共同努力所取得的成果感到振奋。

来自第三方调研机构的数据显示，2017 年华为手机成为中国市场品牌偏好度第一，2018 年将继续保持稳步上升的态势。有人问这是怎么做到的？在我看来，这是坚持以消费者为中心，以品牌建设引领高质量发展，不断持续投入和努力的结果。

战略转型：向以消费者为中心转型

给思维换脑，变革势在必行

2014 年的中国通信市场，移动通信网络向 4G 演进，运营商缩减手机补贴；互联网营销带给行业新的模式，老牌手机厂商受到冲击；消费升级，用户既理性又更期待品质。

战场变了，阵地变了，武器变了，对手变了，用户也变了。怎么办？

2011年底华为明确了消费者业务是主航道，2012年形成D/Mate、P、G、Y四大手机产品系列，向中高端市场布局，但立足未稳。2014年上半年，公司领导和消费者业务的CEO余承东跟我们一起多次去一线调研，很快做出决定：必须弯道超车，坚决向以消费者为中心全面转型，敢于战略投入，扎扎实实构建2C能力。

我刚到任的三个月，不敢下车伊始就"指点江山"，更多的是多听多看多讨论，听用户怎么说、听明白人怎么说，看合作伙伴和友商怎么做，看业务场景是什么样子，与团队进行头脑风暴、热烈讨论解决方案。

出于各种原因，华为面向渠道和零售合作伙伴的业务能力比较薄弱；流程和IT、数据运营仍处于人拉肩扛的阶段，进、销、存看不全；面向消费者体验的组织和能力建设刚刚起步，引入的明白人大都处于融入期。

起步维艰，必须给自己换脑、加满油，走出一条全新的2C变革之路。

一定要打赢Mate 7这一仗

很快，便迎来Mate 7上市的考验，这是中国区进行2C转型弯道超车最关键的一役，也是我和团队的背水一战。每一款旗舰机的成功与否对品牌影响非常大，在项目筹备期间我就向大家表明决心："这个项目不达目标我就主动申请下课。"

手机市场可谓是一片丛林，综合了消费品行业各种挑战。首先，竞争对手与合作伙伴众多，生态环境日新月异，科技和全球化成为新的变革力量。其次，消费者群体庞大，个性化需求多，面对十几亿用户，今天做这个，明天做那个，没有好的方法是非常可怕的；移动互联网和社交媒体的快速发展，对消费者行为习惯产生很大的影响，他们需要更广泛的服务和互动，建立基于信任的品牌关系。另外，线上线下渠道零售的广度、深度、健康度的要求都很高。中国区要想在丛林中活下来，找到走出去的路径，必须要有自己的方向和节奏，战略选择和顶层设计至关重要。

Mate 7 是 Mate 系列的第三代产品，在产品规划阶段就做了 4 万多个样本的消费者调研，目标人群定位为商务人士，根据他们对大屏、续航、安全的要求，有针对性开发了 EMUI、大电池、指纹、高屏占比、金属机身等特性来满足他们的需求。

智能手机的产品是 1，品牌、服务、营销、渠道、供应链、生态等要素都是 0。产品是核心要素，但如果这些 0 跟不上，就无法发挥好 1 的价值。我们多次讨论 Mate 7 的上市方案，提出：要坚决打入高端市场，定价在 3500 元以上档位，计划销售超过百万部。

这立刻遭到多人反对。"之前还没有哪个国产品牌卖过那么多的量。""Mate 前两代一共才卖了很少的量，卖得动吗？""很多消费者更青睐国外厂家，我们品牌能力较弱，华为能改变他们的认知吗？"

我们看准 Mate 7 是华为挺进高端市场的好契机，定位和卖点都符合了高端机的特点，只要运营好是完全有可能成功的。当时中国区很穷，拿不出相应的营销预算，我们向总部借了一笔钱做品牌投入，也是顺势赌了一把：在营销方案上做了很大的创新，深入分析了诸多市场信息、用户偏好，把品牌内涵、产品优势和用户价值结合起来，充分发挥社会营销、口碑营销的作用，进入全方位营销的

与核心零售合作伙伴定期开交流会

阶段；实现渠道零售的变革，线上线下协同，更加贴近末端。

后来 Mate 7 大获成功，一机难求，不仅极大提升了华为品牌的口碑和产品议价能力，也带给我们在高端市场必胜的信心。经此一役，我们也找到了 Mate 系列的核心 DNA：大屏、长续航、高性能、安全。从这以后的每一代产品，都是在这些核心 DNA 上持续优化。

战略实施：借东风，组织、渠道、人才协同推进

调整组织结构，聚焦消费者，灵活敏捷、协同共进

2014 年下半年，公司授予了中国区终端更大的运作权，自力更生。中国区借鉴营销 4P 理念运营，将负责不同渠道的团队拉通管理，打破部门层级，重新排兵布阵，设立了产品操盘、市场营销、销售、服务等体系，并下沉到省、市、县，在基层区域推行包产到户政策，

在中国300多个地市逐步有了稳定的团队，鼓励大家服务好用户、多打粮食。

终端如海鲜，要下快棋，不能发生方向性的问题，也绝对不能发生系统性风险。我们在国家层面推动操盘、营销、采购、服务和反腐内控等几个业务管理委员会，高效运转，定下每周一例行讨论和决策的规矩，紧急事项当天可以决策，唯快不破。每周的业务会议由各业务主管在"君子如兰"会议室办公，各省主管接入。知其然还要知其所以然，这些拉通机制，不仅做到层层执行和落地，更重要的是帮大家建立全局视野，打破部门墙，保证组织的灵活敏捷和高效协同。

有人不理解，比如认为营销由市场营销部门决策就可以了。我们是考虑到市场每天都在变化，产品上市、用户需求、计划和交付、合作伙伴的建议都是动态的，如果市场营销体系只按照既定的规划营销，而不是动态学习适应，就可能与销售和服务体系不合拍，于是成立了营销委员会。在操盘委员会上，我们做的每一个重大决策，都要认真征求各成员的意见，尽可能达成一致。这是一个相互PK、沟通和妥协的过程，较好地防止出现个人误判和重大风险。产品没上市之前，甚至在生命周期没有结束前，谁也不敢说就一定能实现目标，关键是抓住方向、节奏和执行，在过程中预判问题，及时决策、合理取舍。这几年，我们操盘了很多主力机型，所有方案最初都是从那间会议室里产生的。

从长计议，渠道和门店建设不是拉抽屉

转向公开市场，渠道建设刻不容缓。Mate 7成功后，华为渠道影响力提升，很多合作伙伴主动来找华为谈合作，更有某企业主动

找我们，愿意免费开 1000 家销售门店。

风物长宜放眼量。我们认识到，既要合规地多打粮食，又要持续增加土地肥力，华为必须有健康的零售渠道战略。对华为缺少信心的，我们就给他们讲华为的价值观、长期战略和科技实力，以及聚焦用户、永争第一的决心；对于送上门来的，如果不合适也敢于说不。

终端建门店，可不是拉抽屉：想用时，就拉开抽屉，不用时，就关上。产品火时，开一家门店很容易，但如果某一家店因经营不善关掉了，会是什么影响？失去的可不仅仅是一个门店，而是消费者、合作伙伴对品牌的信心。因此，零售体系制定了开设门店的标准和流程，专业的事交给专业的人来做，明确只和业界有成功经验的零售商合作，优胜劣汰，并关掉了不符合要求的门店。

为了保证渠道的畅通，让数据可视化，我们也同步成立了 2C 数字化项目组，从 0 到 1 建设 IT 流程，构建基于数据的运营能力。2015 年 PSI（进销存数据）系统上线，拉通华为和分销商、零售合作伙伴的数据，建立面向消费者体验的智慧化运营体系。如今，中国区陆续建设了 IT 系统 28 个，覆盖产品、营销、交易、零售、服务、供应商管理等全业务流程，并在执行过程中不断优化。很多主管从过去"盲拍"数据，逐步培养了看数据做分析的习惯，效率大大提升，风险得到有效管控。我们现在要求所有员工都能用数据化语言，规范运营模式，为消费者与合作伙伴提供好的体验。

构建共同愿景驱动下的"混凝土团队"

"一切工业产品都是人类智慧创造的。华为没有可以依存的自然资源，唯有在人的头脑中挖掘出大油田、大森林、大煤矿……"，无论是组织重构、流程建设,还是市场营销、战略实施必须依靠人才的支撑。努力奋斗的优秀人才不仅是公司价值创造之源,也是实现以消费者为中心的基石。

我们积极引入和使用各方面人才,鼓励干部合理流动,地区部、省、市之间流动,各业务领域之间流动,中国区和海外流动;同时积极引入业界专家,建设匹配业务、结构合理、专业精深、富有创造活力的专业人才队伍,构建"华为兄弟部门人才+快速成长的年轻干部+业界明白人+高校毕业生"的钢筋混凝土团队,大家向全球业界最优对表,做好用户体验和协同效率,提高组织作战能力。

但把五湖四海的多元人才聚拢在一起,彼此成就,并非易事。我们营造简单聚焦的氛围,希望大家面对压力和诱惑心里不长草,激发好物质激励和精神激励两种驱动力,让组织始终充满活力,让员工发自内心地热爱品牌并为之努力奋斗。管理者一定要带头践行

员工羽毛球比赛

核心价值观,深入一线,不瞎指挥,积极倾听消费者、合作伙伴和员工的声音,做系统性反思和改进。

战略耐心:以大服务和新零售赢未来

打造科技与艺术结合的品牌

不忘初心,针对细分人群与需求深入挖掘,我们从过去的以产品区隔,发展为以消费群体区隔,在"HUAWEI"品牌下形成不同系列,Mate系列对应高端商务人群,P系列定位高端艺术时尚人群,nova系列对准年轻、时尚、新锐人群,按子品牌战略进行管理。

大家可能都知道,华为是一个有着强大研发能力的科技公司,但有些人可能不知道它在设计和美学方面也很有追求,不仅在法国、英国、德国、瑞典、日本、加拿大等地有设计中心,更在巴黎成立了美学研究所。我们一直希望把最新最潮的科技产品与艺术融合起来,让消费者感受到科技之美。

近几年我们以高端产品为基石,不断拓展与深化跨界合作:通过赞助国内围棋甲级联赛增加品牌的智慧内涵;Mate 10在业界首次引入人工智能芯片,迈向更加贴心的智慧手机时代;与用户内心触发结合,营销更走心,推出《ai在防水——消防员篇》的小视频,引发受众强烈的情感共鸣;在线上线下同步联动推出把爱带回家活动,发挥电商的传播优势,带动品牌有温度走进线下生活小区……

大服务,新零售

精细化竞争时代,服务是品牌的关键,要做成吉思汗的马掌。

每一次销售就是一次服务，每一次体验也是一次服务，这是大服务的概念。几年来，华为一直在努力实现大服务的全面提升。

如今中国区已经构筑了从地市到县镇广覆盖的服务与销售网络。其中有近1000家服务专营店布局在地级市和重点县区，2014年开始引入在线客服、电商、互联网等一对一坐席业务。今年坐席服务人员有3000多人，年业务量超过4000万，接通率95%以上，开通7×24小时客服服务。此外，每个月的第一个周五、周六、周日作为特别服务日，免费为消费者清洗、贴膜、保养，保外产品免人工费。我们还推出了"久久"续航的活动，在保修期外只需99元即可给手机更换新电池，用户可通过预约到店、寄修等多种形式参与。

线下3000多家授权体验店覆盖了所有地市和1700多个县区，提供华为全品类产品的展示、销售、体验和咨询，建立品牌与消费者良好的互动关系。同时为了维护消费者权益，公司着手整治市面上

太原华为智能生活馆一瞥

严重影响华为口碑的山寨店。

2018年4月份华为首家智能生活馆在太原开业，秉承与消费者"共享美好生活"的设计愿景，搭配艺术氛围的Lifestyle（生活方式）体验陈列，通透简洁的空间感，让顾客与产品建立多重感官的科技交互体验，既有"快"节奏的体验式场景，又很好地营造出"慢"生活的美好意境。

在这里消费者可以在电子屏幕上点击浏览图文和视频介绍，还可以在屏幕上直接下单购买，与体验顾问随时随地交流互动。所有展示产品，包括HiLink智能家居产品，顾客可以自由手持体验，拿手机从各个角度拍照、控制生态产品的操作。在智能生活馆的线上平台，顾客可以及时看到活动预告、新品预览、华为学堂预约等信息，店内近30平方米的高清大屏以及宽敞大气的体验台可以提供给

与店员们交流

顾客非常好的面对面互动环境。在内容方面，从智能助手、应用市场、浏览器、华为音乐、华为视频、HUAWEI PAY（华为支付）、天际通、云存储等每一个领域，挖掘云服务对用户的价值。

面向办公、运动健康、智能家居、车等用户全场景需求，华为终端提供PC、平板、穿戴、智能音箱、路由器等全系列产品，并通过华为智选构建华为+伙伴的生态模式，提供丰富且高品质的智能家居设备。未来一年，华为将在国内一、二线城市建设多个智能生活馆，树立品牌、体验与服务标杆。

以消费者为中心是一个永无止境的追求。我们是脚踏实地的长跑者，不断开放学习，"吸收宇宙能量"，与产业链伙伴共同努力，通过最好的科技创新和服务带给用户更多的价值与快乐。

给手机算命

作者：顾正东　*　文字编辑：江晓奕

我们的手机摔在地上会坏吗？在信号太差的地方通话会断线吗？听音乐时音调太高会刺耳吗？

以前，回答这些问题的唯一办法就是测试。比如2014年，为了保证Mate 7的高品质，我们不断用样机来做跌落测试，每次10部，从1米多高摔到大理石地面上，根据测试结果改方案、开模、试制，然后继续跌落测试。用了两三个月，摔坏几百部手机才达成可靠性要求。

可这样的体检费时费力，只能亡羊补牢，不仅延长了开发周期，也增加了开发成本。有没有办法提前识别问题？提前知道手机这么设计是否容易摔坏？为什么容易摔坏？优化哪个地方能避免摔坏……

这不是异想天开，而是有可能的，解决问题的关键就在于两个字——仿真。

仿真是什么？说白了就是一种模拟，比如手机从1米多高的地方跌落下来，速度太快，肉眼看不到跌落瞬间，不知道为什么手机会坏。而仿真根据图纸，建立虚拟模型，可以在计算机里提前模拟手机跌落过程，计算出哪些器件受力最集中、可能会损坏，从而对开发提出优化建议。

这种未卜先知给手机算命的能力，能代替真实的测试，可前提是仿真精度足够高，能做到所见即所得，仿真速度也足够快，能及时给开发提供"炮弹"。

所以，我被几百部 Mate 7 砸出心头血后，就立志要提升华为的仿真能力，我给结构仿真团队布置了任务：把仿真精度提升至 90%，把仿真时间从 1 周缩短至 1 天。大伙瞪大了眼睛，面面相觑："这不可能吧，当前业界还没有谁达到这种水平。"我说："一年不可能就两年，两年不可能就三年，一定要拿下！"

但这个要求我不只是对结构仿真团队提出来的，也希望天线、音频、热学、光学仿真都能做到。于是，我们开始了整体仿真技术的提升之路。

招兵买马，把能力提上去

为了达成目标，我们先得找寻外脑，构建起一支真正有能力有水平的队伍。

2014 年校招，我去浙江大学招聘博士，当时华为手机品牌还没有足够的号召力，我讲了一个多小时，口干舌燥，最后满怀期待地问："哪位博士想来做仿真？举个手吧！"现场沉寂，没有一个人举手，场面一度尴尬。我解释说："华为是一个有理想的公司，我们的目标不只是手机从 1 米多高的地方摔下来摔不坏，而是做到手机自动优化和设计！仿真大有可为，真心希望你们能来，和我们一起实现这个理想。"

也许是看到了我们的诚恳，最后，两个博士留了下来，之后越来越多的人才加入华为。目前仿真实验室博士占了近一半。他们来了以后，专攻仿真的三大难题：第一，研究实现仿真精度和自动化的算法；第二，算出每个器件在什么样的受力、湿度、温度场等变化下会损坏；第三，研究每种器件和材料的特性。

对内，我们与2012实验室、海外各研究所能力中心的顶级专家组成技术项目组，对外，与欧美Top知名高校建立项目合作。比如，我们和世界顶尖的专业实验室合作，共同测定终端产品材料的高速力学性能，建立了电子行业最先进的材料动态性能数据库。

在硬件上，我们大胆投入采购设备：在结构仿真领域，建立高精度的静态力学实验环境、材料动态疲劳性能实验环境，支持仿真在材料寿命预测上持续领先；在天线仿真领域，建成全世界精度最高的暗室，真正把天线测试做到极致；在电磁仿真领域，为了给地球磁场把脉，定制了直径1.1毫米的类地球线圈，精准控制中心点的磁场大小；在热仿真领域，开发出全场景热仿真评估系统，评估时间达到毫秒级……

这就是华为的基因，一旦认准某个技术对消费者有意义，公司愿意投入，让业界最优秀的人才、资源为我所用。

终端仿真团队

"行啊！仿真有两把刷子！"

到了2016年，我们在仿真精度上有了突破，在结构仿真领域率先实现90%的定量精度。这意味着，仿真拥有了给产品设计算命的能力，可以预测产品设计的问题，并给出解决方案。

仿真团队

但自说自话可不行，怎么让大家相信这不是吹牛？

记得在一款 Mate 手机的试制阶段，双摄像头出现跌落后无法对焦、拍照模糊的情况，基本每 10 部样机就有 8 部要出问题。我们解剖手机后发现，摄像头马达上的弹片裂开了，导致光轴偏移，无法对焦。单摄只有一个摄像头，光轴偏了也能拍得清，但双摄就不行，两个摄像头要同时对准一个画面，两个光轴必须平行，偏移不能超过 0.1 毫米。

质量部门和摄像头厂商多次沟通解决方案，对方摆摆手，一脸无奈："没办法啊，从这么高的地方摔下来，裂开是正常的，不裂才是奇迹。"

项目一度陷入了僵局，这个问题不解决，双摄只能成为泡影，手机就失去了一大杀手锏，竞争力大打折扣。眼瞅着这么好的设计就要打水漂了，我拍着胸脯保证："仿真能搞定！"

既然夸下海口，就要拿出真本事。我们根据设计图，建构双摄像头的虚拟模型，细致到连40微米厚的弹片边缘都一清二楚。然后用计算机模拟跌落全过程，仿真软件根据力学公式进行计算，得出跌落瞬间不同零部件的受力值。在生成的跌落动画中，0.1秒的跌落瞬间被无限拉长，我们可以像看电影一样，一帧一帧地看每个零部件在不同位置受力值的变化。

这些不同压力区域会显示为不同颜色，当受力超出风险会告警为红色，看起来像是动态的气象云图。仿真结果一下把症结揪出来了——摄像头马达弹片拐弯的点显示为红色，压力最大，但只要调整一下弹片形状和拐弯角度，就能改变力的传递，使摄像头不会摔坏。很快，我们就给出了精确的治疗方案，并最终验证通过。

整个过程如行云流水，一气呵成。看到困扰了一两个月的问题，就这么三下五除二轻松解决了，结构工程师大跌眼镜："行啊！仿真有两把刷子！"

阻止全面屏"吃"信号

不仅如此，华为手机信号好，最主要的是天线性能好，可天线极为敏感，稍微动一下主板的布局、手机的外壳，信号就千差万别，所以仿真的出场率也越来越高。

比如，华为全面屏手机用起来很爽，却给天线带来很大麻烦：

屏幕的ITO（氧化铟锡）层和FPC（柔性板）进入天线净空区，原本性能满分的天线，加上屏幕后信号却被"吃"掉了一半。

为了全面屏的惊艳设计，就要牺牲信号质量？天线工程师当然不甘心：是时候召唤出仿真神器了！

天线仿真团队一步步庖丁解牛，研究屏幕的建模方法。屏幕是手机中最大的一块模组，看似简单却内有乾坤，触摸层和显示层都有很复杂的走线，走线宽度只有几微米，厚度只有几百纳米。想精确地计算出屏幕的电流分布，建起一个完整的屏幕模型几乎不可能。

既然一步到位搞不定，分步走行不行？我们想出了等效建模方案，把整个屏幕拆分成玻璃盖板、触摸面板、显示面板等五大部分，然后分别等效建模，达到"1+1=2"的效果。

一般来说，铜皮能起到隔离天线和屏幕的作用，但要贴多大范围、覆盖哪些位置，在仿真中，我们计算出各种方案对天线性能的影响，开出了处方：在中框上贴铜皮，并标明铜片形状、覆盖范围、接地方式等。经过验证，天线性能改善明显，被"吃"掉的信号全"吐"出来了！

让我们骄傲的是，参与仿真的所有天线都达到了设计标准，消费者在享受全面屏带来的视觉美感的同时，也拥有了"杠杠的"信号质量。

除此，在音频、电磁、热学等各领域，仿真也都成了香饽饽：音频仿真模拟手机在360°空间中立体的声场分布，优化了各腔体的出音设计、输入信号，最终实现隐形立体声的功能；电磁仿真模拟静电放电，针对接电话、拔插耳机线等不同场景对症下药，驯服了手机中来无影、去无踪的静电……

仿真技术"唯快不破"

仿真出场机会越来越多，可速度还跟不上开发周期，常常有开发人员追着我们要仿真结果。所以，我们一直在想办法，把原本由人完成的建模和数据分析工作交给机器，实现仿真自动化。

要让计算机自己"画"模型没那么容易。简单的二维图像，电脑程序很容易识别，但手机是三维立体的，结构复杂，如果不告诉机器，机器怎么知道手机的眼睛在哪儿、鼻子在哪儿？只能抓瞎，画出非常粗略的模型。

这个难题一度成为瓶颈。但我觉着，不能只盯着眼前，要抬头看业界，只要有借鉴意义的都可以拿过来试。一次，我和Z高校的一个博士聊天，无意听他说起正在让计算机自动识别土方车，阻止车进入限定区域。我眼睛一下就亮了："既然可以识别土方车，那识别手机里的音箱、麦克风不也小菜一碟吗？"

我们很快和Z自动化研究所合作，掌握了三维模型识别的技术，并在这个基础上优化。机器要足够聪明，必须不断学习。常规方法是人不停地给机器"喂"案例，把机器"养"大，但我们创新地把三维模型识别技术和仿真平台结合起来：只要平台蹦出案例，机器就会自动进入学习模式，把建模过程进一步智能化。

此外，仿真数据的分析也耗时费力。比如做一轮整机的结构仿真要做26个跌落方向，会产生26个计算结果，每个结果都有几十个G的数据。如果一个个打开看，找具体哪里的数值比较高，判断是不是超过了风险，速度太慢。所以，我们定义了分析数据的规则，通过优化算法，改变一个CPU分析一个作业的做法，同一时间用几十个CPU来分析同一个作业，几十倍地提升了效率。

这样一来，做一次仿真只要不到12个小时，今年会缩短至8小时，架构设计今天提出一个想法，仿真当天就能给出预测结果，保证设计快速优化，趋近极致，这在其他公司是根本无法想象的。

不同于产品技术，在产品上不能一眼看出仿真技术的水平，但它却能驱动产品开发，支持华为在研发能力上快人一步，具备更强的竞争力。希望在不久的将来，只要提设想，机器就能自动设计出性能最好的产品，给消费者带来更好的体验。

只为给你更好的手机

作者：卞红林　*　文字编辑：张　钊

这几年来，我一直在负责终端的硬件研发，而质量工作是重中之重。它是一个系统工程，贯穿手机从孕育到诞生的全过程，为此我们拉了一张五层大网，在设计、测试、来料、生产和用户反馈等环节设置质量关卡。

可我们始终认为，拦截问题、不让故障手机到消费者手中，只是最低要求。我们追求的，是把更高质量的手机带给消费者。所以我们不断将质量标准的门槛提升、提升、再提升，提到远超行业标准的高度、提到超过业界最高水平的高度。我也很幸运，因为依托华为公司这个大平台，当我们需要技术和资金去实现更高质量标准时，总能得到支持。

当然，罗马不是一日建成，质量也不是一蹴而就的，我们始终如履薄冰地前行，只为给你带来更好的手机。

深厚的技术能力

2013 年，我们接到一个坏消息：部分消费者反馈，一款国外市场的定制手机，用了大半年后有相当比例的手机充电就黑屏，继而开不了机。我们给消费者进行维修,把故障机紧急运回国内,拆机发现电源芯片已经烧坏。这款芯片由一家全球知名供应商提供,我们把坏芯片投递回去,期望对方能找出根因。

可供应商接连两次给出的结论都无法完全解释坏芯的原因。与同行交流发现,但凡使用该款电源芯片的手机,或多或少都存在类似问题,同行们没有技术能力去自行探索根因,问题似乎只能被搁置。

可华为不一样,我们做了三十年的运营商业务,在通信产品的复杂性和精密性中测试摸爬滚打,积累了很多宝贵经验,许多技术可以应用于或者借鉴给手机产品。我们还有强大的研发队伍,建立了各种成熟的基础技术能力,比如我本人原来就是做通信网络设备研发的。

所以当供应商都找不到故障原因时,我们有能力自己去找答案。当即,包括 2012 实验室的人员在内,我们组建攻关小组。获得供应商许可后我提供了一个思路,把芯片一层一层地片开,再逐层解析,应该能找出病因。别小看这个操作,要把烧得面目全非的芯片层层剖开,需要专业的工程能力,当时国内只有几家专门的专业实验室可以完成,手机厂商基本不具备这个能力。

持续大半年,一周解剖一块芯片,我们"尸检"了几十块。有一天,我接到一个声音亢奋的电话:"找到原因了!"我跑到实验室,研发人员指着电子显微镜下芯片上一个肉眼几乎无法识别的小孔:"你看,这是芯片的衬底层,电流击穿这层,产生小孔,导致芯片短路。过电应力,问题就在于芯片抗电应力能力。"以当时华为的技术水平,只要找到根因,解决起来并不算难,并且解决方案就可应用在各个新机型上,自此,华为手机再没被电源芯片烧毁的问题困扰过。

说到这，大家可能发现了，华为和业界一般做法不太一样。的确是这样，遇到器件故障，华为会请供应商分析并解决。哪怕供应商解决不了，我们也不会停止，我们就利用自己的技术能力去做，再把技术标准告诉供应商。

再举个例子，一次某款手机发现少量黑屏，原因是某条连接线和板子间的粘接不良，所有供应商都认为，目前业界技术水平就这样，没办法。可对华为来说，那不行啊，消费者才不理会是哪个环节的纰漏，一切问题都是华为手机的问题。于是我们从芬兰请三位资深专家，到生产现场分析每个生产工序、制成参数，最后完美解决。这个案例只涉及一种粘接材料而已，手机内的众多器件有一百多种粘接材料，一般公司只会管器件整体是好是坏，坏了就再去找供应商，而华为则一定要把每种粘接材料的成分、特性等都掌握得清清楚楚。

为什么要这么折腾自己？我们觉得，做一款手机，不能只是把从供应商那里买的各种器件集成起来，而要对产品的方方面面都有深入了解，把产品吃透，对各种看似微小却可能有重大质量影响的细节都掌控住，才能保证产品的质量。

当然，我们有这个实力，如果没有研发技术能力做支撑，只会是心有余而力不足。事实上，我们一直在努力建设各种基础工程能力，在大家看不到的地方，投入大量的人力和物力。这种投入，得益于华为公司的整体强大实力，这种投入，也使得我们在手机质量的每个环节都能有深厚积累。

大投入带来的保障

有一段时间，我晚上经常睡不好觉，尤其是听到生产线上有什么异常，半夜都会惊醒。因为我们的发货量实在太大了，一旦真出现问题，哪怕只是延迟一两天，那就是几十万部量级的事故。所以在2014年，我们开始打造鹰眼系统，全天候监控手机的生产环节，把问题消灭在公司内部，争取不让消费者买到故障手机。

最初的监控主要是两类数据。一是生产车间数据，能实时观察每条生产线、每个工位的生产状况。一旦良率和故障模式出现波动，系统报警，我们及时介入，可避免出现大规模的生产异常。二是各个售后维修点的数据，假设某种故障的案例数量陡然高于平均状况，我们就要警觉，并主动进行分析，看是不是哪批货出了问题，或者某个生产线有问题，应紧急进行处理。

我原本以为，两层拦截足以把异常扼杀在襁褓中，可一次有惊无险的事故，让我下定决心给"老鹰"再装第三只眼。那是2014年某天，同事给我打电话，语气非常紧张，说鹰眼系统发现，有批手机在生产中存在一定数量的异常。"整批货一共多少部？""30万部！"30万部，听到这个数字，我一下懵了。

故障环节是供应商提供的电感器，芝麻粒大小的元器件，手机里极为常用，我们每天就要消耗上千万个。在已发现故障的手机中，由于电感部分短路，影响某个频段的通话，虽然不是所有消费者都会用到这个频段，可我们不能抱有这种侥幸，赶紧把30万部手机全部隔离。更要命的是，这个电感在射频屏蔽罩里面，维修要先去除屏蔽罩，维修成功率很低，整块板子都要更换。一块板子约1000元钱，最坏的情况是30万部手机全部中招，那就要损失3亿！我当时几乎是崩溃的。

我们一部一部地进行检测，万幸，出问题的只是一小部分，绝大多数手机是良品，我心里稍安，可也给了我警示，虽说有鹰眼监控，我们能及时发现问题,不至于让故障手机到消费者手中,但发现问题终究不如预防问题。我们高峰期一天要生产五六十万部手机,任何一个微小环节的异常,都可能影响巨大、损失惨重。

这之后,我们决定把鹰眼扩展到供应商那里,供应商生产元器件的过程和数据,能实时传输到华为。一发现生产波动,我们立马派人去了解,确保万无一失。这其实是三赢,消费者能买到更放心的手机,华为能更省心地生产,供应商也不用担心因器件故障而导致赔偿。

就这样,鹰眼三层布控,生产前监控供应商器件状况、生产中监控生产线状况、生产后监控售后维修状况,真可谓布下了天罗地网。做质量工作,没有谁敢拍着胸脯说,我们的手机百分之百没问题,这不符合万事万物的客观规律,可我们的鹰眼能最大限度地拦截不良手机,尽最大努力给消费者带来更好的手机。

作者在核对手机质量数据

当然，引进高级武器是需要砸钱的，鹰眼就耗资不菲，据我了解，我们监控拦截系统的严密程度在全球数一数二，几乎没有其他公司有这种大手笔。在质量工作上，华为一直很舍得投入，比如之前手机部分功能的检测是靠人检，是人就难免犯错，对质量工作造成困扰。后来公司花费七八亿元人民币打造一系列自动化检测设备，比如老化检测、音频检测等，效果非常好，大大提升了手机质量。

有时候同事们私下讨论，公司在质量上这么下血本，无形中拉高了产品成本，值得吗？我想，当然值得，质量是底线，质量是口碑，质量是品牌，如果质量都做不好，消费者肯定会抛弃你的。

远超业界的质量标准

跟通信设备不同，手机行业，有些事情并没有统一的标准。比如跌落的标准、低温工作标准等。通过对消费者使用场景的研究，我们发现通行的一些行业标准，并不一定能确保产品的高质量。所以，如果有必要，我们会设置更高的质量标准。我们时常开玩笑说，华为在质量上有种自虐倾向，明明已经符合了行业规格，却偏不满足，非要给自己加码。

比如在检测手机标准上，我们把业界普遍标准"6090"（温度60℃、湿度90%），提升到"双85"（温度85℃、湿度85%、连续检测240个小时）。这并不是心血来潮，而是缘于一次查找故障的经历。

2015年有一段时间，我每天早上一到公司就盯着鹰眼屏幕，售后维修数据显示，在国内市场的所有型号手机中，无法开机的故障比例是最高的。我们尝试很多办法分析，始终未能找到病因，这也困扰了我很久。

有天我突然发现，故障在夏天发生的几率比冬天要高一些，当时灵光一闪，既然时间维度有差异，那空间维度呢？我赶紧叫来做数据分析的小姑娘，请她按照地域来统计故障，并标在鹰眼上。结果呈现在屏幕上时，我差点乐晕了。红点集中在两湖、重庆等少数几个区域，有了这么明确的指向性，接下来肯定能找到具体原因。

这些区域消费者有什么使用手机的特殊习惯呢？没有。那问题只能出在气候上。我们通过测试，排除了酸雨、粉尘等原因，锁定根因：夏天炎热又潮湿，部分手机在这种环境下生活大半年，内部有线路被烧坏了，导致无法开机。

可这批手机明明是通过"6090"检测的，那就说明"6090"环境下无法检测出这个潜在故障。大家可能有疑问，60℃、90%湿度已经是比较极端的环境了，怎么会检测不出呢？这里解释一下，"6090"搭建的环境虽然残酷，但手机只在里面煎熬几天时间，有些故障是没法被刺激出来的。而提升到"双85"的检测环境后，越来越多的潜在故障可以被暴露，因为检测温度每提高10℃，暴露出来的故障就要多一倍。

果然，按照"双85"标准，腐蚀、器件分层等故障纷纷冒头，我们利用强大的研发能力找出根因，接下来请供应商解决，可很多供应商都跟我说过同样一句话："你们真是疯了。"他们所说的"疯了"有两个意思，一是不理解华为为什么要用这种远超业界标准的质量标准，二是高质量必定需要增加华为的成本。很多新暴露出来的问题，供应商无法解决，这时我前面所说的华为强大技术能力和基础工艺实力发挥作用了。我们自己探索解决办法，自己先改进，再告诉供应商该怎么改进。

再比如业界对按键的规格定义是能按 100 万次，我们则不然，测试时一直按、一直按，按坏为止，次数早就超过 100 万次，然后查找根因、解决问题。

为什么华为手机在各个方面都要制定高质量标准，毋庸置疑，是为了给消费者带来更好的手机。我也说说我的个人理解，我们每年发货量都上亿部，如果用常规的质量标准，哪怕只有万分之一的故障率，也会给 1 万名以上的消费者带来较差的体验，这是我们绝不能允许的，所以很自觉地去提高质量门槛。

用超出业界常规的质量标准去激发暴露更多故障，再用我们自身强大的技术能力和平台实力去分析和解决，最后把解决方案扩展到供应商，从而推动整个产业链的发展，已经成了华为质量工作的一个常见模式。

这么多年我最大的感受是，质量不仅仅靠决心和责任感等满腔热情，更是一项复杂和专业的系统工程，在每一个环节，都需要沉下心来，扎扎实实地积累各项技术能力，实实在在地投入真金白银，才能在质量上超过一般标准水平。我和我的同事们一直致力于把更高质量手机带给消费者，这也是终端人的职业荣耀。

我的机缘

作者：方 飞 * 文字编辑：陈丹华

说起华为手机，很多人的印象也许是从 2014 年 Mate 7 开始的，其实追溯我们做手机的历程，早在十多年前就开始了。那时手机行业基本被外国厂商垄断，华为做第一款终端产品，是为了配合无线基站设备的销售。

"村村通"固定台验证手机能力

2002 年，中国很多地广人稀的农村市场都还是通信盲区，为实现广覆盖，华为推出了无线设备 CDMA 450 后，发现还需要有配套的终端产品才能提供完整的服务。

我那时正在无线产品线做与 3G 系统配套的测试相关的工作。公司一声令下，我就和王银峰等人被划分出来，在北京组建了华为终端业务的第一支研发团队——无线固定台开发团队。当时我们就十来个人，团队聚餐时一桌就坐满了。我们做的第一款终端产品，名字就叫做"村村通"。

第一代"村村通"是一个可以外接电话的无线终端产品，上面带一个天线，也叫 T 型固定台。最初我负责软件，我们之前从未接触过手机产品，看了几篇文档就开始直接动手开发，整个过程可以说是现学现卖。

团队其他成员也都是边学边干。就这样我们用三四个月的时间做出了产品原型，还记得有个射频通路问题，我们在实验室里封闭攻关了半个月才解决，和无线设备打通第一个电话那天正好是 2002 年的除夕，大家兴奋地击掌欢庆，"终于可以过个好年了！"

我们过完年回来继续产品的调测开发时，就遇到了"非典"。2003 年 4 月我和几个兄弟正在深圳出差，本打算月底返京，结果"非典"蔓延到了北京，大家回去了就会被隔离，为了能持续开发，于是都继续留在深圳。

那时北京的疫情已经很严重了，很多地方停工停课，但我们的开发工作一直都没有停歇。大家心里都憋着一股劲儿，想把华为终端产品的第一炮打响。

2003 年年中，我们终于成功研发出了产品，去西藏开了"村村通"的第一个试验局。当时西藏的牧区还没有通电话，我们坐了一天的车，把村村通产品送到牧民家里时，他们都很惊讶，有的牧民还拿出厚厚的红布想把产品包起来，生怕这个宝贝疙瘩磕着、碰着或者弄脏了。我们连忙告诉他们，这样不利于散热，让产品裸着就好了。看着他们小心翼翼、又欣喜又惊奇的样子，我们心里的成就感油然而生。

随后我们又推出了长得像电话机的"村村通"，并把型号扩充到多制式，产品先后远销阿尔及利亚、印度等海外市场。这个不错的开端证明了我们具有做手机的能力，于是华为终端公司顺势成立了，我也正式成为华为终端公司的一员。

Google 不给准入证

华为终端一直在探索华为手机之路,坚持在功能机等产品上持续投入。就在这时,发生了一件大事——2008 年,Google 整合并推出了安卓平台。

这件事让整个手机行业都震动了,也让在功能机市场上苦苦挣扎的华为终端看到了一线曙光——我们手机研发最大的短板就是软件平台,现在有了安卓这样一个全新的、开源的并能与 IOS 匹敌的平台,让华为能和其他早期智能机厂商站在同一起跑线上,这时不拼,更待何时?

因为我有固定台和功能手机的开发经历,公司领导就让我牵头负责做基于安卓平台的手机开发。

我刚接到任务时心情很复杂。那年我 33 岁,本想稍微歇歇要个孩子,却没想到领导突然给我派了这么一个艰巨的任务。智能机对华为终端团队来说是完全陌生的新领域,我们没有业务方向、没有固定的市场,分给我的预研小组也没几个人,我都不知道怎么能带着这样的团队走向光明。

要拒绝这个任务吗?我动摇过,但看着领导信任的目光,我又把拒绝的话语咽了下去。就这样,我接下了军令状。

开发产品不是纸上谈兵,我首先要回答的问题就是华为能不能进入安卓联盟?这个问题在现在看来简直匪夷所思,但在当时的确是摆在我们面前的难关。

那时华为在手机市场上还没什么知名度,我去见 Google 的安卓主管时,他开口就问:"华为是什么公司?华为还做手机?"然后,任我说破了嘴皮,他对与华为的合作也没有丝毫兴致。

怎么向 Google 证明我们的能力呢？我带领团队冥思苦想，在当时每部手机都需要 AP+Modem 两个芯片时，我们把安卓系统移植到了只有 Modem 芯片的手机上，这种技术当时在业界是非常难的。当我把这款手机演示给 Google 的安卓主管看时，他在惊讶之余，终于承认华为在手机技术上的确有两把刷子，由此打开了 Google 和华为合作的大门。

拿到了安卓的许可证，我开始招兵买马，却遇到了困境。那时 Google 对于大家来说还是一个互联网公司，因此公司内部很多人对安卓未来的发展并不看好，持观望态度。我四处动员，七拼八凑拉起了第一支做智能机的队伍。

华为首款智能机

队伍建起来，只是万里长征第一步。要留住人得有"粮食"，我又开始思考——"粮食"从哪儿来？我们做出来的产品能卖给谁？

多年的通信行业经验让我感觉到欧洲市场应该有机会，因为欧洲的运营商在通信业务上的拓展比较激进，也容易接受新事物和新技术。于是我就联合市场部门找到了德国电信（T-Mobile），向他们推广华为的智能手机产品理念。我做了一整套 PPT 讲述我们对安卓的理解、我们的产品概念以及强大的组织阵型。我们推出了一个类似苹果的 3.5 英寸直板大屏安卓手机，并与最早可以支持虚拟键盘输入的输入法创新公司合作，还引入了世界顶级的设计公司与我们一起进行界面的创新。这些与众不同的思路与创新的想法，最终引起了德国电信的合作兴趣。

2009 年 2 月，在巴塞罗那世界移动通信大会上，德国电信宣布和华为合作。我当时的心情真是既兴奋又紧张，兴奋的是终于有客户了，紧张的是这个项目 7 个月后就得发货交付了，而那时我们只有一个产品概念，整个开发团队也不到 50 人，要运作这样的项目简直是不可能的。

但项目签了，就必须得保证交付，而且要交付真正有竞争力的产品，才能让客户持续给我们"粮食"。

除了人力上巨大的压力，另一个交付阻力来自公司内部。采购部认为我们的产品不应该选择电容式触摸屏，因为华为从来没有和电容屏供应商合作过，而且电容屏里有很多专利，这里面隐藏的专利风险、交付风险、新供应商的供应风险都太大了。

但我坚持要用电容式触摸屏，原因很简单——智能机代表未来，电阻屏（需要用触控笔的屏幕）却是过去的原始体验。如果我们在这上面妥协，那我们的产品从出生开始，就注定看不到未来了。

所以，必须要用电容式触摸屏，有风险，就想办法解决。我拉着当时终端的总裁与采购部一起讨论，怎么解决专利风险、预防供应风险。我们找了两家供应商并行验证，和他们一起解决了很多电容式触摸屏中的问题，并推动采购部成立了专门的小组去应对可能发生的风险。

为了让产品更有竞争力，我还私下拉了其他团队的一些业余工作者，和我们一起做架构设计，互相 PK，互相讨论，就是想弄明白，在当时的硬件基础上，怎么做出一个更优化的架构。

而我们在项目中遇到的最大挑战，是德国电信提出的定制需求。当时德国电信为了给用户带来创新业务体验，提出了很多从未成熟商用过的定制业务需求。我们只能组织研发骨干、产品经理、系统组专家等与德国电信反复讨论，深入分析业务需求并做市场调研，一边开发一边测试，一点点地摸着石头过河。

华为算是第一批做安卓手机的厂商之一，和 Google 之间也有很多的磨合问题。客户也和我们一起努力，找 Google 寻求合作与支持，协助我们进行手机开发。团队人力有限，能力也有限，每天我们都是凌晨一两点回家，连续几个月在黑暗中挣扎，而光明看似遥不可及。

我四处奔走疾呼，说智能机一定是华为的未来，我们现在做的就是打下华为智能机的基础，希望大家能够多一点投入。我动用了自己所有的关系找人、找资源，甚至还把印度软件团队的十几个人也召到北京，发动五湖四海的兄弟们一起来战斗。

最后就靠着这样的人拉肩扛，我们如期开发出了华为第一款智能机 Pulse，得到以严谨苛刻著称的德国客户的高度认同，表示"我们对华为的及时交付非常满意，这证明我们选择华为作为 T-Mobile 自有品牌安卓手机的合作伙伴是正确的"。

后来，我们继续拓展欧洲市场，在两个月内拿到了 10 万部的订单，随后该系列产品又进入了美国市场，销售近 300 万部，逐渐打开了华为智能机的市场。

做大家用得起的智能机

第一款智能机系列虽然卖了几百万部，也得到了客户的认可，但我们离真正站稳脚跟还有很大的距离。那时华为手机多是运营商定制，运营商的要求是高性价比，价格要低，性能要好，而我们遇到的第一个困难就是——手机芯片厂家不支持。

当时的手机芯片厂商想让我们用更贵的新芯片，所以不提供老平台的升级、不支持安卓的新版本，那产品价格就降不下来。无奈之下，我一咬牙做出了决定，芯片硬件不支持，我们就自己用软件把性能做出来！

我就带着软件团队几个技术很牛的兄弟开始研究，后发现其实没有我们想象的那么复杂，就是一个芯片底层和安卓平台的兼容问题。我们找到了很多关键点，解决了这个问题。

为了给用户带来更好的体验，我们去大学生中调研，了解年轻人的喜好，做出了一款2.8英寸电容式触摸屏，具有鲜明色彩与类似动感跑车设计的手机C8500，拿到了中国电信的项目。在竞标份额原本大大落后的情况下，因为我们的产品设计与体验更得消费者青睐，最后实际发货量远超过了预期。

后来，我们继续在产品的架构设计上精益求精，立志在3.5英寸屏这个规格上也做出高性价比的智能机。为了能尽可能减少边框与厚度，我们连不同油漆的厚度都反复研究，在规格、ID、色彩、性能、用户体验上都追求极致，最终用一套架构满足了从CDMA（Code Division Multiple Access，码分多址接入）到UMTS（Universal Mobile Telecommunications System，通用通信系统）的全球主要大电信运营商需求，同时3.5英寸电容式触摸屏边框做到了业界最窄，价格还控制在1000元人民币以内。

这款名叫Sonic（C8650）的手机在2011年推出后，全球订单激增，我们第一次遇到这么大的交付量，所有人都上供应前线了。

供应商工厂整层楼全都生产这款华为手机。我们在某个测试场景里需要测试外放铃声，那段时间从早到晚，就听见这个铃声在整栋楼里此起彼伏。

当时大家为了验证一个问题，买光了电信几个营业厅的卡，在生产线通宵做现网通话抽检，有段时间甚至引起了当地电信管理部门的注意，因为发现深夜里经常有密集的手机通话从我们的工厂内拨出。大家每天早上先去供应商生产线上解决问题，回公司后就立刻去会议室讨论进展和应对措施。

最终，Sonic 系列成为华为第一款全球销售超千万部的智能机。我们向业界证明了华为公司有做智能机的能力，公司也愿意投入更多的人力和资源进行智能机开发。自此，华为也渐渐迈上了开发高端智能机的征途，也就是大家后来所熟知的 P 系列和 Mate 系列。

大别墅的烦恼

作者：杨熠南　*　文字编辑：刘　军

浪漫的礼物

2016年某天深夜，华为阿拉伯联合酋长国代表处员工宿舍里一阵急促的电话铃声将我从睡梦中惊醒，我迷迷糊糊中接通了电话。

"All disappeared，all gone.（全部都不见了。）"，电话另一头语速飞快，焦急万分，昏昏沉沉的我费劲地撑开眼皮，看了眼时间，凌晨2：45，谁这么晚还打电话过来？

"我是Ali！遇到麻烦了，需要你帮忙！"Ali是我的老客户了，手机从P1一直用到P7，之前也找过我处理手机问题，但从未如此焦急过，我整理了下情绪，从他的只言片语中拾掇出了事情的概貌。我好言安慰，让他明天到我办公室一趟，他才稍稍平复了些。

第二天，我刚走到办公室，远远地已看到了Ali在向我挥手，听前台保安说，Ali七点半就过来了。

我和同事让他别着急，坐下来，喝口水，慢慢将前因后果讲清楚。

原来，Ali周末出门时把手机丢了，他尝试了多种方式，但好比大海捞针，手机算是找不回了；手机丢了可以再买，但里面的照片千金难买，因为照片承载了他和女朋友甜蜜的回忆。

近期他打算向相恋多年的女友正式求婚，仪式都已经策划好了，其中，用两人照片制作的视频是整个求婚典礼的点睛之笔，浪漫温馨的视频势必能打动女友，但现在原材料没有了，他快要急疯了。

通过一番仔细询问，我们了解到，Ali 之前使用过华为账号和华为云应用服务。得知这个消息，我心里松了口气，笑着告诉 Ali，手机不一定能够帮你找回，但是照片可以。Ali 半信半疑，真的？太好了。

我让 Ali 坐在电脑前，打开云界面，他却怎么也登录不上去，原来他早已不记得密码。试了好几次，都不对，他头上的汗冒出来了，人也变得焦躁，我见状赶紧让他喝口水，缓缓神，再想想办法。

要不试试密码找回？我一边想，一边祈祷，希望这次账号可别记错了。万幸，一切顺利，Ali 通过账号关联的邮箱地址，开启密码找回功能后，登录进华为云，华为云服务就是给消费者提供私有资料云备份业务的，照片和联系人等重要信息都在。

看到失而复得的照片重现眼前，Ali 紧锁的双眉终于舒展开来，不停对我们说着"Shukran"（谢谢）。找回照片后，我们主动把云备份业务的功能向 Ali 做了介绍，让他今后可把重要的资料放到云端去，这样一来，只要记住账号，走到哪里都不怕丢失资料了。

过了没多久，Ali 给我打了个电话，掩饰不住兴奋地说："求婚成功了，我们就要举行婚礼了！"入职华为快十年了，我一直在终端做消费者服务相关工作，很多像 Ali 一样的消费者，最后成了朋友。Ali 的一通电话也勾起了我与消费者间浪漫往事的回忆。

中东大别墅的烦恼

时间回到 2012 年,在总部机关待了四年后,我被外派中东常驻,到的第一站是阿曼。这并非是我第一次到中东,此前两次出差也是来的中东,也算冥冥中自有天意。

那时,华为终端在阿曼还处于起步阶段,销量有限,市场有待开拓,当时算上我,中方员工只有两人。我们既要建立起服务体系,也要负责包括测试、交付等一系列的工作。随着销量的不断攀升,我们的队伍也逐步组建起来,一切都有条不紊地进行着。虽然国内外消费者稍有不同,但"以客户为中心"的道理都是一样的。我始终坚信,服务面对的不是一堆冷冰冰的机器,而是一个个活生生的人,站在消费者的角度,真诚待人,才有可能赢得消费者的心。

有一次,我去一个当地消费者的家里做客。他家临近海边,住的是一栋三层高的大别墅。欣赏美丽海景的同时,我也注意到,他家用的是华为无线路由器。闲谈中,他偶然透露此路由器覆盖不足,尤其在三楼的卧室中,Wi-Fi 信号基本搜索不到,晚上躺在床上,想看视频、下载电影只能用流量。

Wi-Fi 信号确实会随着距离的拉远而衰减,对一般住宅而言,一个路由器基本就能实现全覆盖,但对于三层高的别墅而言,覆盖起来就有点吃力了。

当时华为新上市的 Wi-Fi Repeater 终端产品,专门针对此场景用户,提供增强 Wi-Fi 信号覆盖和 Wi-Fi 桥接的服务。想起这个,我旋即推介这款产品给他。通过详细的参数和功能介绍后,用户按捺不住跃跃欲试的心情,当下就表示要买。他带我直奔商场,一口气买了五部 Wi-Fi Repeater 产品,我惊讶之余友善提醒他,一栋别墅两部左右就能够覆盖了。他回应说,"我儿子的别墅就在我隔壁,也存在这样的问题,给他也一起买了!"

在两栋别墅的每个楼层装上我们的 Wi-Fi Repeater 设备后,经过简单的调测,所有房间的 Wi-Fi 信号都达到了至少三格信号,这样躺在床上,也能享受 Wi-Fi 畅游了。用户和他儿子都喜不自禁,临走时,他们一再邀请我常到他家做客。

挽救一颗爱心

虽说盛情难却,但天下也没有不散的筵席,两年后,我与海景别墅告别了,开启了另一段与消费者的浪漫之旅。

2014 年,我从阿曼来到了有沙漠中的花朵美称的阿拉伯联合酋长国,常驻在迪拜。阿联酋不同于阿曼:市场大,消费者也较多。因此,我主要聚焦在服务与交付工作上。我们在迪拜建立了一个用户服务中心的实体店,统一装修和统一管理,我每周都要去该服务中心或其他门店巡店,这是近距离接触消费者的好机会,同时也是收集用户调查反馈的必要手段。

2018 年 2 月 14 日,西方情人节,各大商场的促销和装饰一遍遍提醒着人们,今天是个充满爱的日子。但对我们来说,不管过不过节都要照常巡店。下午两点多,当我们走到德拉商圈一家手机门店时,正巧遇见两位中国人交流着什么。

看到同胞急得满头大汗,满面通红,对面的店员也已使出洪荒之力,面露难色地不停解释。我们赶紧上前,询问发生了什么。原来徐女士是位经常往来于中阿两国的商人,她手里正拿着一部 P7 手机,由于无法开机,于是来到了这个门店进行维修。P7 手机出产于

阿拉伯联合酋长国首家华为消费者服务中心内景

2014年，现已停产，门店内没有预留相关备件，导致一时无法维修。今天徐女士要回国参加一个会议，还有一个多小时他们就要出发去机场了，因此有点着急。

  我们耐心给她解释情况，徐女士非常失望，她告诉我们，这部手机已经购买很久了，也知道是老款手机，一直舍不得换是因为手机背面，有着和男友手机一样的镭雕爱心。所谓镭雕，是我们提供的一款特色服务，如果消费者在旗舰店购买华为手机，享有免费在手机背面屏幕上用镭雕技术刻绘图案的服务，图案的款式既可以是店面提供，也可以是自己构思好的提供给店面，相当于给手机做了一个定制纹身。

  我把手机翻过来，果然手机背面刻着半颗爱心，旁边那位是她男友，手机上雕刻着另外半颗心。

　　一边是消费者的殷切期盼，一边是门店硬件的短缺，这确实有些为难，怎么办呢？本着抢救这对有情人手机的想法，我立马联系最近的维修站点。维修站的人很快就到了，经检查发现问题出在电池，于是紧急向周边调用备用的电池。这时离徐女士出发去机场的时间所剩不多了，继续等下去，她担心会误了飞机；不等的话，这一路手机没法用不说，回国还得花费精力去维修，而且电池都在调用途中了……

　　多年的服务经历让我学会了站在消费者角度去考虑问题，而且要以最终解决问题为目的。维修所需时间不会超过半个小时，既然徐女士担心赶不上飞机，那让她先去机场办理相关手续，我们修好后给她送过去也完全来得及。得知我的想法后，徐女士喜出望外，把她男友的联系方式留下后，便匆忙赶去机场了。三点多，手机如期修好，门店店长开着自己的车，马不停蹄向机场飞奔而去。最终，在飞机起飞前，我们把手机送到了徐女士手中，她激动不已，一再道谢。

　　能在这么有爱的情人节给这对有情人的迪拜之旅送上一份情人节礼物，划上一个完美的句号，我与有荣焉。

说好七天就是七天

　　然而，与消费者接触并不总是浪漫，也会有纠缠，但我们并不因这份纠缠而气急败坏，因为往往正是消费者的纠缠，才让我们得以提升产品质量和服务水平。

　　"我这机子才买两天！这问题都不止出现两次了！！！" 2018年

初，正值 P10 旗舰产品上市开卖，我刚迈入德拉区域最大的一家电子零售店面门口时，就见我司促销员表情凝重地操作着一部 P10 手机，旁边一位消费者不断地吐槽。我赶紧走上去一探究竟，原来 P10 的双胞胎 APP 功能（又叫分身功能）出问题了，该功能可实现在一部手机上使用两个 Whats App 和两个 Facebook 账号，办公和私人用途两不耽误，是专门针对海外商务人士开发研制的。

这位名叫默罕默德的用户手机里，主账号没问题，但辅账号在接收视频时总是无法播放，我和促销员都上手试了几遍，确实有问题。现场我们无法解决该问题，跟默罕默德沟通后，我们争取在一周内解决。

客人前脚出门，后脚我俩立即在阿拉伯联合酋长国本地的消费者声音管理群中要求所有促销员都进行测试和通报此问题。考虑到 P10 产品的研发、维护、测试等同事大部分都在国内，一时半会儿不一定能把人召集全。我先发邮件给所有相关人员，召集第二天的紧急会议。

早上 7 点，我还在路上，电话已经接入会议，由于涉及软件组和第三方应用兼容性团队的配合，总部评估最快也要十天左右才能给出新版本，但我们已经承诺消费者一周内搞定，不能失信于用户。我们通过升级问题级别和要求版本经理发起紧急归档流程等动作，要求研发在一周内提供解决问题的 Demo 测试版本（总部和一线团队同步测试）。

我每天都在跟催，一直没有好消息传来，终于，第五天快下班时，国内已经是后半夜，Demo 版本拿到了！阿拉伯联合酋长国已经快晚上 9 点钟了，我联系默罕默德，让他第二天早上在我们服务中心见面。可是他一个晚上也不愿多等，要求今晚就修手机！

半个小时后，在服务中心，亲眼见到2个WhatsApp账号播放视频都正常后，默罕默德咧开了嘴："Good！ Good！"

未完待续

一转眼已在中东待了五年多，类似的事情遇到了很多。其中有心平气和的消费者，也不乏气急败坏、火冒三丈的消费者；有短时间能解决的问题，也有一时无法提供解决方案的时候。没有百分百的服务，但需要有百分百的态度，我深知，消费者声音虽然杂而多，但无论何种声音，我们都需要重视和负责任。服务的路上，我们还任重道远。

Ali、别墅用户、徐女士、默罕默德已成为了我最温暖的记忆，而我与消费者的故事，未完待续。

新星

作者：Anson　＊　文字编辑：刘　军

古代西方游牧民族为了区分私人财产，在马背上打上"烙印"（古挪威文 Brandr），"烙印"渐渐演化成了品牌（Brand）之意。当下，建设品牌就是要在消费者心中打下"烙印"。

从 2016 年年初开始，我到马来西亚后一直思考，如果说星巴克代表环境优雅、小资情调、悠闲，耐克则很好地诠释了速度、时尚、年轻，那么华为能在消费者心中留下什么印记呢？又如何让它快速地深入人心？

当时，华为在马来西亚是个不太知名的外国品牌，华为手机用户屈指可数。在此背景下，我来到了马来西亚负责终端市场工作，如何提高华为品牌的知名度和得到当地人的认同是首要解决的问题。万事开头难，第一步先让消费者认识华为吧。

有一天晚上跟同事吃饭，碰到两个本地华人，我们闲聊了起来。他们用的是其他厂商手机，我很困惑：我们的手机明明很强，为什么他们会选择这款手机？让我惊讶的是，他俩反复提到了产品的广告词。在我心目中这稍显直接的广告词竟能如此深入人心，而且还能得到消费者的认可！而华为的广告语往往有些高高在上、不够直接和实际的感觉。这次平常的对话让我不禁思考：我们的传播语言是否需要做出调整？

与其苦想，不如择善而从，我决定从学习其他国际品牌是如何做广告开始。我发现很多的国际品牌，到马来西亚后，沟通语言立马变得不一样了。比如某日本品牌空调，它在国际上的广告语非常高大上，到马来西亚后，它的广告语就变成了"日本制造、日本第一、日本质量"，坚持几年，销量依然非常好。

这样的例子还有很多，为什么在马来西亚需要做这样一种转变呢？我跟本地的消费者和同事沟通后发现，马来西亚是一个由中文、英文、马来语组成的三语国家，每种语言都很生活化，就拿英文来说，马来西亚的英文就要比欧美的简化很多，当地人沟通也很简单、直接。因此很多品牌到马来西亚后，就立马变得接地气了。

有感于此，我们在 P9 手机上市后开始做一些本地化的策略，通过简单的广告语，让消费者一眼就能认识我们。

品牌从"说"好一件事做起

把一件事情讲好，把一件事情做好，不拘泥于各种浮夸、不断变化的广告文字，触碰客户的真实需求，做透了，这是必须的！

2016 年 6 月，华为手机 P9 在马来西亚上市。P9 手机一个突出的特性就是拍照功能好，它拥有与徕卡合作的双摄像头，这在业界是很领先的。而我们在一份调查报告中也惊讶地看到，在 Facebook 上对照片贡献最多的地区之一就是马来西亚，本地人似乎尤其热爱拍照和分享。

这次，我们一拍即合，打算将华为手机在摄影方面的创新和突破非常接地气地向大家展示出来。"Leica Dual Camera"（徕卡双摄像头）广告语就这样出现在了大街小巷。

一目了然的沟通语言，起到了非常好的沟通效果。P9手机得到了消费者的喜爱，一炮走红。通过聚焦核心价值的传递，我们把双摄像头的特性，深深地印在了消费者脑海中。消费者一提到华为，就知道华为双摄像头性能好。

有一次我在马来西亚坐出租车，跟出租车司机闲聊。他告诉我，他儿子用的就是华为手机。

"你儿子为什么用华为手机？"我问。

"华为手机拍照好啊！"出租车司机竖起了大拇指。

P9手机总销量比Mate 8手机翻了十倍。

品牌积累，少即是多

P9手机销量不错，任务要求也水涨船高。面对减少的预算和数倍于我们的其他厂商投入，后续的Mate 9手机、P10手机等产品要怎样才能创造更大的辉煌呢？

我们知道，一个产品的功能和参数会随着生命周期而慢慢消散，但是品牌资产的积累可以沿用到下几代产品。而且，品牌话题的延续传播，能帮助后续产品形成很好的借力。因此我们在后续的Mate 9、P10、Mate 10宣传中，继续聚焦"双摄"这个特性，将摄影上升为品牌话题，来牵引全系列的产品营销。Mate 9叫High Performance Dual Camera（卓越的性能和双摄），P10叫Dual Camera Evolution（新一代双摄），Mate 10叫Dual Camera with AI（双摄，智慧），最终实现品牌的资产累积，一个致力于创新的品牌印记慢慢刻进消费者的心里。

除了在摄影方面的创新标签外，我们还做了品牌高地的建设，

马来西亚吉隆坡机场路边的大型户外广告

展示华为作为世界 500 强高端大气的一面。许多地方喜欢建设标志性建筑或雕像，意在让人记住一些人物或历史事件。品牌也如此，一个标志性的广告，效果等于其他广告的十倍，于是我们针对重点的广告位进行了争夺。我们瞄准的是吉隆坡机场要道上最关键的一个广告资源。最初通过代理商协商了几次，也无法达成，几度想放弃，直到联系上现在的广告投放主，才最终达成了合作。在 P9 上市的那个月，我们的"Leica Dual Camera"（徕卡双摄）的广告终于出现在了马来西亚最耀眼的广告位上，有效地拉升了华为品牌的高端感。

"你们的广告终于像个大公司了，我们看到了。"效果来得相当的快，之前对华为没信心的代理商来了，就连其他厂商的人也说华为投广告太"贼"了，要向我们学习。

国际品牌更要本地化

在一次活动中，我们对本地年轻人调研发现，当问到华为品牌时，他们很多人反映：身边的朋友都不用华为，感觉华为品牌总是站在远处，从来不和他们走近、沟通，所以他们当然不会接受。接地气的广告语让他们认识了华为，但要怎么进一步熟悉起来呢？

对产品来说，相互熟悉其实就是与消费者找到共同的情感纽带。

马来西亚是一个种族、文化、语言多元的国家，于是我们制定了专门针对多元文化、语言的营销计划。

2017年9月的重点产品nova 2i手机，定位完全契合本地多元文化、语言的需求。本地年轻人喜欢本地明星，热爱本地娱乐，用一个本地的知名形象代言人和他们沟通，效率将远大于国际大明星。我们决定选一个有潜力的未来之星作为代言人，共同成长。

马来西亚有个新星叫Hannah Delisha，她主演的电视剧正在热播，反响很好，发展势头也很好，尤其在本地人群中影响力大，我们判断短期内她就会迅速蹿红。于是我们邀请她成为HUAWEI品牌在马来西亚的第一位形象代言人。我们共同签订了长期的成长计划，将产品、代言人形象绑定，使用双方的资源进行合力传播。

为了让本地人认识我们的nova产品，我们还请当地知名的音乐家，写了一首朗朗上口的本地语言歌曲，邀请Hannah Delisha来演唱，并制作成MTV在各大电视台轮番播放。之所以选择电视台播放，是因为我们发现马来西亚跟国内不一样，在国内日渐式微的电视，在本地依然拥有大量的受众。此前我们什么渠道都投放广告，但效果并不好，皆因广告投放就像煮开水，重要渠道一定要煮开才有效，到处都撒一点，最终就是一锅锅的温水，因此我们转变了之前"撒胡椒面"的投放方式，把80%的资源聚焦在电视、电影院等核心渠道。

这锅水果不其然煮开了！nova品牌在短短一个月内就实现了认知度的巨大提升，销量在同等价位手机里的市场份额得到了快速大幅提高。

让消费者更了解我们的产品

我们在调查中发现,在一个广告满天飞的环境里,很多消费者都是科技产品的"小白",缺乏专业知识,无从判断产品的优劣。华为产品不仅双摄性能突出,在续航、系统、工艺等方面都有亮眼的表现,怎么让消费者获悉这些信息呢?

我们在柜台上做了一些改进。之前,柜台下面就是贴一个红底白字的 HUAWEI Logo,这无法引起消费者的注意。如今我们改成了"大字报"的形式,做了"Did You Know"(你知道吗)系列,里面写上"为什么双摄像头拍照更好""为什么华为的超级快充更安全"等,下面用短短几行字解释了其中的原理。通过这种方式,宣传我们差异化的卖点。

但对消费者来说,这无异于王婆卖瓜、自卖自夸。我们需要找到第三方机构来做更客观的说明。媒体等第三方机构做的产品评测很有说服力,很多消费者购买产品时,都会参考媒体的评测报告。媒体评测在国内已经做得比较成熟了,但马来西亚媒体文化比较温和,且缺少技术设备,这块却还没有起步。

我们希望将国内成熟的评测方法,推荐给马来西亚的媒体,共同为消费者提供更全面的信息。当地有几家做技术类评测的网络媒体,听说后非常感兴趣,愿意试一试。我们把样机借给这些媒体,并且把我们的使用手册、国内媒体对手机做的评测等资料一起发给媒体,让他们进行对比测评时有个参考,但我们不干预测评结果。他们发布的测评报告通过多个维度,将同等产品的特性通俗易懂地呈现出来,我们产品的优势因而凸显出来,受到越来越多的消费者关注。媒体也得到了更多的读者，越来越多的媒体愿意加入评测大军。

到2017年年初时，评测已成为马来西亚手机行业营销认可的方式，通过和媒体等第三方共同成长，我们给消费者提供了全方位的信息，帮助他们进行正确的购买决策。调研显示，媒体出具的评测报告已成为相当一部分消费者购买手机时的重要参考。

冉冉升起的品牌新星

我们用了短短两年时间，把华为从站在远处的陌生人，荣升为马来西亚最受欢迎品牌榜第六和品牌最快提升第一（来源：YouGov BrandIndex 2017年Top10品牌排行榜），一跃成为马来西亚冉冉升起的品牌新星，销售收入也实现了跨越式增长。

我刚到马来西亚时思考的问题，答案也越来越清晰了。但我们也清醒地认识到，消费者市场是个快速变化、竞争激烈的领域，我们要始终坚持以客户为中心。前路虽然坎坷，但仍充满希望。

献给爱丽丝

作者：胡　剑　*　文字编辑：江晓奕

2010 年至今，华为平板已经走过了七个年头。从最初扎根武汉的七人小团队，到今年我们向全球平板 Top3 阵营进发，其中，平板的旗舰 M 系列产品也经历了三代。从 M1 到 M3，从亏损到盈利，我们一直都在努力追寻一个梦——做安卓阵营最好的平板。

2016 年 IFA（柏林国际电子消费品展览会）展会上，HUAWEI M3 揽获"Best of IFA"等 10 余项大奖

持续亏损，如何逆袭？

"老兄，听说你在华为做平板电脑，我正好要买一部，要屏幕清晰、配置高的，帮忙推荐一下？"一两年前，我接到这样的任务总是犯难，根本没有底气，担心推荐的华为平板产品朋友不喜欢。那时，iPad 是平板的代名词，面对业界 No.1，我们只能不断反思华为平板的出路在哪里？

2014 年，平板 M 系列肩负着打造极致影音娱乐的使命在探索中诞生。然而，正如同所有新生命的成长都必然伴随着痛苦一样，我们在前进的道路上一直在艰难摸索，从 M1 的音乐照亮人生到 M2 的揽阅，始终和友商差距明显。第一代产品 M1 上市后，外界质疑声充斥入耳："配置低，跑马大黑边，大手机……"；内部团队人心不稳，多位骨干开发人员纷纷摇头叹息，再加上 M2 开发进度严重延迟，销量不足，M 系列持续亏损，团队士气低迷。

作为项目经理，我心中五味杂陈。难道我们只能走过去的老路，做低端产品？仿佛在迷雾中穿行，我们迟疑驻足，看不清楚未来的方向。就在我们苦寻出路的时候，手机领域的喜报接二连三地传来，Mate 系列、P 系列……一款款精品策略下的手机不断获得成功，我们反复问自己：难道不能做一款能和友商 PK 的安卓平板产品吗？在产品经理敏刚的带领下，信心又重新被点燃。我们总结前两代产品的经验教训，基于用户对 M 系列主打影音娱乐特性的口碑，在第三代产品 M3 上倾注了所有希望，给它的代号为 Beethoven（贝多芬）。

是选贵的，还是选对的？

想要在安卓平板阵营中脱颖而出，并不那么容易。随着智能化时代的演进，平板和手机的边界越来越模糊，最大区别就是屏幕尺寸了。M3 主打的极致影音，就要给用户一个最直观的影音娱乐体验。

首先得有个好屏幕。可是什么是好屏幕？各项性能都要达到极致才是好屏幕吗？2015 年底，一场器件选型的两大阵营 PK 开始了。

"我们的 M3 屏幕色彩饱和度和亮度的显示关键指标至少要比上一代提升 30%，否则就别谈和友商 PK 了。"多媒体工程师陈工笃定地说。

"屏幕厚度必须做到 2 毫米"，ID 王工也很执着，"既要轻薄，又要高规格的显示性能，要不采用规格最高的的 A 材料吧？"

可是采购人员跳出来，无情地否定了以上建议："A 虽然显示规格高、厚度薄，但供应和成本都不匹配需求，消费者是不会买单的，我们不能选。"

不断地争执，不断地论证，大家吵得不可开交。成本和规格似乎是两条平行线，难以相交。作为项目经理，面对内部的不同意见，我也犯了难。直到在一次僵持不下的会议中，产品经理敏刚一语惊醒梦中人："好产品可不是贵产品啊！不是所有规格都要业界第一，有没有其他解决方案？"

这个反问将我们从困顿中拉回到最初的原点。我们要做的是消费者认可的最好的安卓平板，而不是平板中的奢侈品。带着这个新的认识，我和兄弟们一遍又一遍地寻找最优解，最终形成了"主打指标有亮点，综合体验有特色"的方案。

为了突出亮点，我们在色彩还原和表现能力方面追求极致：画面上保留了消费者最易感知的 2K 分辨率高规格显性特征,确保了画面显示的细腻,并通过引入 2012 实验室的色彩增强技术,使得用户获得贴近人眼真实的色彩感受,纤毫毕现。

但这不足以说服消费者选择我们。我们讨论分析,长时间使用屏幕眼睛会疲劳,如果平板有能力过滤多余的对人眼有刺激的蓝光,一定会成为另外一个亮点。为此,我们从用户痛点出发,重点聚焦如何做到清晰视界、显示不伤眼的特性,增加了智能高精度调光、蓝光护眼等花小钱的特色功能。

消费者买不买账?事实证明,M3 一上市,"开启清晰视界、护眼模式更贴心"的广告语马上抓住了消费者的眼球,赢得了认可,用户调查对 M3 显示分辨率和色彩体验好评上名列 Top 3。回望当初的执着前行,我更加坚信,好产品往往萌芽于争辩之后,更生长于满足客户需求的土壤之中。

Beethoven 产品设计与交付团队获得公司 2016 年金牌奖表彰(前排左二为作者)

一个间隙引发的会诊

没有声音,再好的戏都出不来!要做到看片爽,有了影,还得有个好声音。为此,我们给 M3 取了内部代号——Beethoven,希望产品的音频,像贝多芬的经典乐曲一样,给人以美的享受。

其实,早在 2015 年 M2 上,平板首次引入了业界顶级音频品牌 Harman/Kardon 的联合开发,在用户评价及市场营销上效果明显。M3 产品上,我们毫不犹豫地保留了下来。可是,如何把好声音集成到平板这个小身材里面,并不容易。

一个周五的晚上,一阵急促的铃声打破了深夜的宁静,生产线上制造 PE(Producting Engineer,产品工程师)张工突然打电话向我求助:"生产线音频泄露,麦克环回测试出现回声,不良比例达到 5%!已经停线,需要尽快安排处理。"我心里"咯噔"一下,睡意全无,音频泄露涉及音频器件性能、结构密封配合、生产线组装工艺制程等多个方面,必须马上解决,否则将严重影响上市备货。

时间紧迫,负责产品音频的台湾专家林工连夜从深圳赶到惠州工厂会诊,"这个指标临界,这个超标 1dB……"。我们从一部又一部的单体中分析数据,再从每一个数据中配合各种结构验证条件,寻找规律。是麦克器件的问题吗?可是更换不同机器的麦克器件,不良并没有随着器件转移。那是不是麦克孔附近出现密封不严的问题呢?把不良机器的麦克孔四周用胶封死,上线测试,还是不良……正当大家一筹莫展的时候,林工说道:"根据经验,音频泄露关键还是在结构匹配上有漏洞,把良品和不良品麦克位置结构切片对比看看。"终于,通过高倍放大镜对比,我们发现了问题的关键——麦克外的密封胶套与后壳不完全吻合，不良品原来是微小缝隙惹的祸！

找到根源后，我们在封套下增加垫片，加强压合，问题终于迎刃而解。一部部产品复测通过，生产线上十多个大老爷们会心地笑了。看着黑板上大家讨论时密密麻麻记录的数据"天书"，我望了望窗外，天也快亮了……

每一次的坚持，每 1dB 的调试，在 2012 实验室 SWS 声场扩展的加持下，带来了 M3 双喇叭立体声效果的展现，低音浑厚、中音均衡、高音嘹亮的 Hi-Fi 级的音频体验，最终，我们通过了 harman/kardon 金耳朵严苛的听音认证。

前置指纹，我们做到了！

配合大尺寸平板的使用习惯，顺理成章地，我们将指纹加在了产品前面。可在前置指纹上根本没有经验，这让大伙儿犯了愁。

"它们都是按压式的，指纹通过螺钉机械固定在前壳上，而我们是触摸式的，指纹解锁响应速度会更快，可我们没有前壳，只能靠胶粘在屏幕上了，可靠性如何保证？"架构师朱工提出了疑问。整机工艺冯工也很担心："贴合良率不好控制，供应商都没有做过啊，心里真没底！"

"友商不都做过前置指纹的平板，我们也一样能行！"我给大家打气。我知道，前置指纹的设计必须要克服多个工艺上的挑战，但并不是不可逾越的困难。尝试之初我们没有经验，只能摸着石头过河，针对整个工艺上的参数不断试验，确认效果，获取第一手数据；以此为基础，验证出各个工艺的关键耦合关系，再将指纹粘接的每个工序进行分析对比，并锁定胶水强度，粘接宽度和 SMT（Surface

Mount Technology，表面贴装技术）焊接平面度，对影响关键因素进行集中验证。每一次的数据优化，都涉及工序、架构、工艺、结构、指纹器件、硬件等十多个领域的共同配合。为此，我们多次深入到供应商现场，匹配实验验证测试。从初期近乎 100% 的指纹长期可靠性按压脱落失效，到 50%、30% 失效，再到完全解决，从指纹贴合屏幕的段差间隙的 0.18mm、0.16mm、0.15mm……最终一系列试验下来，胶水验证了十多种，试验测试数据多达几十万条，供应商开玩笑地说："我们这里都成了华为研发分部了！"

在保证可靠的情况下，我们最终摸到了贴合间隙的天花板，也摸到了很好的指纹触感。结合不少消费者对华为终端产品虚拟导航的"吐槽"以及余总的建议，我们还将指纹滑动的动作和虚拟导航栏功能结合起来，取消了导航栏，使得屏幕显示区更大，消费者用起来更爽。

三级跳的骄傲

拼搏才有收获，好产品自己会说话。2016 年 IFA 展上，M3 揽获 "Best of IFA" 等十余项大奖，电商好评率保持在 98%，占据平板产品好评率榜首，上市后持续热销。对自己做的平板，从不敢推荐，到主动自荐，再到用户口口相传，这种三级跳的感觉真的很棒。

以前没觉得贝多芬这个名字多有意义，可有一次，客户听说我们产品的代号叫 Beethoven 的时候，感兴趣地问我："*Für Elise*？"（《献给爱丽丝》）我愣了一下。消费者不正是我们的爱丽丝吗？长久以来，我们在带给消费者极致体验的道路上，持续探索，孜孜追求，就是为了带给消费者最好的产品。以客户为中心，做消费者最信赖的平板产品，始终是我们不变的初心。

　　转眼十年间，我们从五湖四海汇聚，在"武研"扎根、萌芽、奋力生长，执着寻梦、逐梦、筑梦、圆梦……虽然现在我们的平板产品还有很多不足，跟业界顶级水平仍有很大差距，但只要心中有梦，一切都有可能。2018 年，我们再出发，从生存之战到向着平板全球 Top2、Top1 迈进。

做有温度的门店

作者：杨 健 * 文字编辑：江晓奕

消费者走进华为的零售门店后，究竟看到了什么？听到了什么？他们喜欢什么？讨厌什么？作为终端零售管理人员，这些都是我们最在意的事。

"灯光舒适我才愿意来"

灯光看得到、摸不着，却影响消费者的体验。店面的灯光关系到这个店是不是高端，陈列的商品是不是看起来诱人，我愿意在这个店停留多久。

什么样的灯光，消费者会觉得舒适？没有感知是不是就是最舒适的？前几年，我们从未认真思考过这个问题。公司规定使用哪一家厂商什么型号的 LED 灯条，我们就照做。后来，公司逐渐建立标准，也仅仅是基于国家标准对商店灯光的指引。

为了知其所以然，从 2016 年 8 月开始，我们翻遍了建筑设计行业相关书籍、网站，研究权威研究机构有关灯光的标准，才发现这门学问深不见底，和灯光有关的参数 50 余种。不同的光源具有不同

店面灯光的舒适很关键

的色温，白炽灯为暖光，荧光灯为冷光。照度也很关键，照度越大看起来越亮，过高就会刺眼。不同的灯具，经由人为的调节，可以营造不同的气氛。

我们还研究了商场、酒吧、餐厅等不同场所的灯光，借鉴一些创新点。比如，星巴克门店多使用点光，星星点点的射灯位置很有讲究，每盏灯之间的距离都是经过测算的，可以360°旋转、调整方向，无论坐在哪一个方向，灯光都不会直射在顾客的脸上，不会刺眼。

这给我们提了醒，令人讨厌的灯光是可以被巧妙规避的，比如通过叠加磨砂玻璃，或者采用筒灯、射灯等炫光值较低的灯具。为了把消费者所感受到的最舒适的灯光量化成可以度量的标准，我们还从供应商那里搬来了两块广告灯箱，安装于终端在北京设立的 Beta 店里，一块保持原样，另一块做成可调整照度的、根据环境调整成让人最舒适的状态，记录下两者此时的各类参数。

这样一来，所有的感受就不再是主观的了，这些标准自然成为约束供应商的法宝。现在，每个月我们都会带上照度仪等专业的工具，去供应商的工厂现场检测，确保所有灯箱都能按一个模子来制作，给消费者带来最舒适的灯光。

"我不想要冷冰冰的样机"

很多消费者进了华为门店，都是径直走向柜台体验样机，可我们的样机里除了微博等几个预装软件外就空空如也，无网络也无游戏，除了拍照啥都体验不了。

我们决心改变这种情况。消费者最希望在样机上体验什么？首先是手机的各项性能。有些厂家会把产品的详细参数都集成到一个软件中，让消费者可以在样机上看到所有产品信息，还能对比这些参数。受此启发，我们率先在 P10 上制作了一个互动 App，只要点击进入，消费者就可以跟着它一步步体验大光圈拍照、前置指纹等功能，还可以看到各种详细参数。

可消费者希望看到的不仅仅是冷冰冰的数据，而是生动、有情感、有连接点的故事。我们是不是可以给他们讲故事，把他们的日常生活可能遇到的场景，通过通讯录、短信、备忘录、日程安排等各项功能还原出来？

我们拉了几个点子多的同事组建了编剧团队，一起撰写剧本：12

月9日是"老婆"生日,"你"调出手机通讯录,用短信给家人朋友群发了一封邀请函:欢迎参加周日的生日派对,在"备忘录"里详细描述了采购的物品、预订的酒店、准备的菜单等,在"日历提醒"里标注了生日闹铃,并在当天用照片记录下珍贵的瞬间。

在P10上,我们第一次实现了场景定制的想法,普及了手机各项功能对于每个人工作和生活的价值。可能消费者不一定会留意到所有的故事,但他们会顺着蛛丝马迹,感受到华为手机不一样的温度。

消费者还希望体验什么好玩有用的应用软件?除了用户调研,我们也用了笨办法,从华为应用市场里把每个分类的热门Top5全都下载下来,一一体验、筛选。最搞笑的一次,为了搞清楚母婴类应用软件哪个好,一帮没结婚、没孩子的大男人,下了一堆疯狂测验,

门店内人潮涌动

顺道储备了不少育儿知识。最终，Mate 10 的样机上成功增添了 11 个应用软件，包括"知乎"、"哔哩哔哩"、"开心消消乐"等。我们欣喜地发现，消费者体验的时间变长了，不会再随便滑动一下屏幕就悻悻而去。

现在我们正一步步紧追业界，尝试把十几万部样机联网，也许很快消费者就可以在门店里组队打"王者荣耀"了。未来，我们还会利用 AI 技术，让消费者可以和手机直接对话，进一步引领时代的趋势。

"手机支架可以隐形吗？"

用于陈列样机的手机支架是存在感很强的道具，兼具防盗、充电的功能，却总是问题频出。消费者体验完样机，要放回支架的时候，常常出现手机放不稳、下滑的情况，有时还会被突如其来的报警声吓一跳，体验感受不好。

静下心想想，消费者真的需要手机支架吗？体验样机的时候希望受到束缚或干扰吗？如果答案是否定的，那么我们就应该想办法让它消失，弱化它的存在感。

首先我们从质量上发力，减少误报带给消费者的困扰。手机支架由防盗器主机、适配器（充电器）和卷线三个部分构成，供应商对返厂维修的机器进行了解剖，发现大部分误报故障都是卷线惹的祸。一根卷线的内部通常由 120 根细线组成，如果断裂的细线数量超过 30%，就会引起线路故障。为此，我们联合供应商，通过增加细线数量、加厚卷线外壳、在受力较大处加装尾卡等方式，更好地保护卷线；同步优化防盗器报警声音，让声音更柔和、舒缓一点，不要那么尖锐。

紧接着,我们拉着供应商开启新一轮的头脑风暴,让手机支架隐形:"要让消费者注意不到,最好用透明的材质。""对,要让它看起来更有质感。"……我们试验了很多种不同材质,进行综合对比,最终选用亚克力材质塑造透明的效果,而非亚克力部分使用门店门头的白色,使它完全融入环境。

考虑到这两年消费者使用的手机外壳以玻璃材质为主,很容易从手机支架上滑落下来,我们还把卧式支架改成了立式支架。那么,角度设定为多少,消费者体验起来最方便?前期调研中获取的数据帮了大忙:消费者通常会站在距离体验台10~20厘米的位置,综合中国消费者的平均身高,75°的角度是最合适的,不仅可以让手机站起来,让消费者操作更简单,还展示了手机背部的外观设计,一举两得。

新款手机支架

还能改进吗？不少消费者希望第一眼看到手机的价格和性能参数，是不是可以把这些信息也显示在手机支架上？北京的"盒马鲜生"给了我们新的灵感。超市里琳琅满目的商品，价格显示在电子屏上，还可以在后台统一修改。很快，我们和电子价签的供应商牵上了线，把灵光一现的设想变成了现实。

目前，新款手机支架已完成样品设计，今年将试点推广，我们也在同步研究无线防盗器技术、柜台内置支架等，相信不久的将来，手机支架能够真正消失，让消费者的体验更加顺畅便捷。

"我喜欢与众不同的礼品"

除了硬件设施，消费者在和导购员沟通过程中，经常会问："买手机有什么礼品？"可一看到我们准备的杯子、钥匙扣等，眉头就皱起来："哎，太普通了，不好看。"

消费者究竟喜欢什么样的礼品？2017年夏天，我们瞄准即将上市的nova 2，开始新一轮的思考。我们每到一个商店，都先盯着人家的促销品看，摸半天材质，问一堆问题，甚至到后期经常走访，片区的化妆品、服装、电器店的店员都认识我们了。

结合线下调研结果，我们多次进行头脑风暴：新产品上市是在6月份，夏日炎炎，年轻人都在干什么呢？趁着暑假出游、运动。那么出游带什么呢？运动的必需品又有什么？通过一层层剖析消费者的心理，我们很快把目标聚焦到时尚运动杯、遮阳伞上，打算围绕着手机与运动元素，把礼品做成年轻、活泼、朝气的风格。

年轻人主张个性，男女消费者对礼品的关注点一样吗？是不是可以设计成两套个性化礼包？在男生礼包里放进时尚潮流运动杯、不打结的数据线以及插画指环扣。女生礼包放进柠檬 Mini 遮阳伞、自拍杆、镜面指环扣，走小巧实用的路线。礼盒颜色也做区分，男生礼包用清新的天蓝色，女生礼包用可爱的淡粉色。

除此，消费者还关心什么？方便携带。所以，我们把包装做成便携式抽拉礼盒，并请了 100 多个导购员来打分，选出消费者最喜欢的设计。

所有设计细节确认完毕，离产品上市只有不到一个月的时间了。顶住压力，紧跟生产线的生产，我们终于在首销前把礼品全面铺向门店。2017 年 6 月 16 日，nova 2 火爆开售，我们也怀着忐忑的心等待一线的检验。结果，微信群里不光手机被刷屏，还有许多礼品的美照，消费者纷纷给我们点赞，供应商特地跑来告诉我们："这回华为放大招了，其他品牌都来打听呢！"

以此为原点，麦芒 6、Mate 10 都开始了与产品强相关、注重消费者体验的促销礼包设计。虽然只是一份小小的礼品，却值得我们用心做到最好。

只有把我们自己当成一个普通的消费者，设身处地思考，琢磨每个细节，才能真正读懂消费者的心。我们希望，每一个来华为门店的消费者，看到、听到、闻到，甚至用每一个毛孔都能感受到华为的温度。在你不易察觉的瞬间，偷偷在你的心上生根发芽。

MateBook 的名与实

作者：朱臣才　*　文字编辑：陈丹华

　　2016年2月20日，远在万里之外的中国还沉浸在春节团圆的喜庆氛围中，我和项目组的兄弟们已身处伊比利亚半岛上的巴塞罗那，准备一年一度的世界移动通信大会。

　　窗外晴空万里，阳光灿烂，但小旅馆里的我们却无心观景，都沉默地坐在地上。床上铺满了一排排整装待发、即将面世的宝贝，大家已经好几天没合眼了，却似乎感觉不到疲惫，心弦绷到了极致，只能靠不停地擦拭、检测产品来缓解紧张的心情。

　　当晚，在产品发布前夕的晚餐动员会上，产品线总裁杨总指着海滩对面的哥伦布广场，慷慨激昂地说道："500多年前，哥伦布发现了新大陆的消息，第一个传到了这片土地。今天，我们产品线是否也发现并开辟一块新大陆，也将在这块土地率先来见证。"

　　2月21日，"巴展"现场发布会上，一款华为的全新品类产品——MateBook骤然问世，引发业界热议：产品看似平板，却比平板大了一圈，还配带了一个皮质的键盘皮套，而如此轻巧的机器是由Intel酷睿系列处理器来操控，运行是标准的Windows 10操作系统，这在业内着实是头一回。

在巴塞罗那旅馆房间里讨论发布会和演示细节

1200 人的发布会现场座无虚席，会后 5 张体验展台被围得水泄不通，我们临时新增调拨数十部机器供大家体验，首次亮相的华为笔记本产品成为展会上一道靓丽的风景。

从此，华为全面踏入笔记本电脑领域，MateBook 之名逐渐传开。为什么是 MateBook？

提起 Matebook，大家可能首先想到华为 Mate 系列手机。两者的核心用户确有重合，采用同样的名字可能更容易为用户理解和认知，但这并非是最核心的含义。两年前，当产品刚有雏形时，我们内部对新产品的命名众说纷纭，SlimBook、FashionBook、HuaweiBook……都在候选之列，最后选用 MateBook，是因为我们希望能让笔记本电脑产品也像高端手机一样，成为人们密不可分的亲密伙伴，而不是一个冷冰冰的工具，有需求时用一下，不用就束之高阁，置之不理。

那究竟怎样的产品才是好产品？经过反复争论、论证，我们渐渐明确了 MateBook 应该具备的基因：

首款 HUAWEI MateBook 获 2016 年"巴展"多项奖项

首先,要美,就是需要从视觉、听觉、触觉上都让用户得到高品质的享受,爱不释手,并且能彰显自身的品位与气质。

其次,要易用,要让用户用起来感到简单便捷、实用好用、享有全场景统一互通的体验。同时,还要让用户能享受到最新科技发展的成果,凡是对人类有价值的科技成果都尽可能快地应用到产品中。

这份基因蓝图看起来令人心驰神往,但要真正绘制出来,却是知易行难。

用精确的细节来升华美:一顿闷酒换来的 0.6mm

2015 年 5 月底,MateBook 首款二合一产品主机终于完成一轮架构堆叠,经过近 6 个月无数次的打板、仿真、验证……在整体设计和规格上好不容易达成了一致的目标,正当大家认为终于可以松一口气、激情满满地准备进入下一阶段正式开发时,我发现最终厚度离我们的设计目标差了0.6mm。怎么办？是妥协，还是坚持原来的目标？

团队成员PK了整整一下午，绝大多数人都是保守派，认为7.5mm的厚度已经比主要竞争对手薄了1.6mm，即使与ARM架构的平板比也是出类拔萃的，没必要再为了0.6mm，让本来就在临界的发热风险更加恶化。激进派只有ID的工业设计师小东，理由就一条：厚了0.6mm不协调！经过这么多努力我们把X（长）、Y（宽）、四边圆角收弧收边都压下来了，最后在厚度上妥协，整体外观就全变了，不协调，不行！但要他具体说出怎么不协调，差异到底在哪里，他也没数据能精确表述出来。气氛变得剑拔弩张，互不相让，会议不欢而散。

晚上兄弟们一起约了出去喝酒，本想在放松的氛围中交交心，怎料大家因下午吵得太凶，急了眼，都是只张口吃菜，不说话也不喝酒，气氛出不来。后来我拎着酒瓶、端着酒杯每个人轮流敬一杯，终于打开了局面，不到一刻钟两箱啤酒就下去了。大家慢慢喝开了，碰杯声、笑声、吼声都出来了，我们一起回顾首款产品的艰辛，展望新行业的未来，群情激昂，甚至有人涌出了热泪。大家终于统一了认识：首次出鞘，我们的产品一定要一鸣惊人，核心的ID外观必须无妥协达成！

热设计专家阿治当众表态：不留一点余量，想尽一切办法达成散热要求，要是做不到他就走人。从此，他深度陷入解决热难题的攻关中，"热哥"之名因此盛传。

两年后再回顾，我们这个激进的做法还是值得的，首款产品主机颜值引起业界震动。升级款产品对散热问题深度优化，保证了我们这个产品外观的领先可以至少维持三年，树立了行业标杆。

一切为了"易用":哪怕是自己的"孩子"也不妥协

目前经典的二合一产品都具备指纹识别功能,但设计理念全然不同。苹果 iPad Pro 指纹识别集成在 Home 键上,位于下方正中间;微软 Surface Pro 的指纹键在键盘触摸板右侧。我们作为新进入者,如果参照这两种成熟的技术方案,风险小,投入也少,但 ID 设计师小东和首任 PC 架构师老高却都不愿意墨守成规。

他们认为,"二合一产品不同于传统笔记本,主机会和键盘分离,如果指纹设计在键盘上,单独使用主机时就很不方便。而且 Windows 的二合一产品,绝大多数场景是横屏使用,12 寸的大屏无论把指纹设计在长边还是短边上,在用户双手握屏时手指都够不到,很影响体验,在我们极致屏占比的产品正面屏下开洞,也很影响美观!所以这两款设计都不能给用户带来最佳体验!"

就这样,我们放弃了业界的两种常用方式,决定借鉴我司某款手机的侧边指纹设计,将指纹键放在音量上下键中间,这样 ID 一致性好,又方便手指定位。但产品边框做得极薄,指纹可用面积更小,一次准确识别率上不去,还得定制单独的指纹模组,业内暂无先例,经过一堆的 PK、汇报、折腾供应商、再折腾专家……好不容易把功能做出来了,我却提出了疑问:现在 Windows 操作系统下,要用指纹解锁还得分三步走:先按电源键,再在键盘上同时按 Ctrl+Alt+Del,最后才能刷指纹解锁进桌面。这样的指纹体验有什么用?尤其我们这种二合一产品,主机经常会离开键盘,用户为了用指纹识别还得去找键盘,那还不如直接输密码呢!这设计不行,要做就得做成和手机一样的体验,一刷指纹,两秒内全部搞定。

我这话一说出去，专家们目瞪口呆，纷纷反驳道："电脑怎么能和手机完全一样啊？！你这明显是不懂业务瞎拍脑袋！"

这的确是个历史性难题：手机和平板的休眠机制与 Windows 系统架构的笔记本产品完全不同，现有的技术确实支持不了，所以行业 PC 都是三部曲方案。我们找 PC 的大哥英特尔和微软寻求支持，他们的专家也建议我们沿用 PC 三部曲方案。但我们不能妥协，否则如此烦琐的设计完全背离了易用的初衷，哪怕是我们自己千辛万苦生出来的"孩子"，也只能舍弃。

披荆斩棘的创新之路：在梦想中开出花朵

指纹功能投入了这么多人力、物力，付出了这么多心血，说不要就不要了？大家不服输的劲头上来了，就算业界的专家都觉得我们异想天开又怎样？没有现成的方案可以借鉴又怎样？那我们就走出一条新路！我们华为做的多少产品，都是从看似遥不可及的梦想中开出了花朵！

于是大家咬牙继续研究，经过反复讨论之后，发现可以在硬件上单独加个单片机，软件上再结合微软 Windows 10 的新技术，实现用指纹直接唤醒的功能。

然而理想很丰满，现实很骨感。我们的步伐迈得太大太急，就容易摔跤。Windows 10 的新技术极度不稳定，产品容易出现异常耗电、发热、不能唤醒、死机等状况，再加上我们植入的指纹唤醒功能，首款 Matebook 产品上市后不稳定问题成为 Top1 问题，导致指纹经常不能识别，用户的吐槽和抱怨蜂拥而至。公司内部也开始出现批评的声音，觉得我们对业界情况不够了解（当时用 Windows 10 新技术的只有微软的 Surface Pro 和我们的 MateBook），认为我们对技术分析不透彻，准备不足就贸然吃螃蟹，是很不成熟的行为，同时质疑我们做的指纹一键唤醒体验到底有没有价值，价值有多大，值不值得冒产品不稳定的风险？

高压之下，兄弟们体会到了深深的挫败感，有不少人甚至开始打退堂鼓，提出来放弃一键唤醒的功能，退回到传统模式，先摁电源键，再刷指纹。但也有人坚持认为，我们第一代已经实现了指纹一键唤醒，并且宣传出去了，遇到问题就后退太丢人了！但到底要怎么解决新技术不稳定的问题，大家也一筹莫展。

为此团队成员 PK 了两个多月，中间做了好几个 Demo 对比体验。经过近三个月的分析、论证、测试验证，我们终于找到了另一个成熟技术加上单片机的方案，实现了浅休眠状态下指纹一键唤醒的解锁体验，效果媲美手机，获得了消费者的赞美："完美的体验，这和用手机习惯完全一致，容易上手。"

这样的认可让我们兴奋，更让我们有了继续下去的动力，进一步思考能否让指纹和电源键合在一起？

这个问题的难点就是要解决电源键与指纹的逻辑关系，再解决电源、指纹分别与 Windows 各种状态响应的逻辑关系、三者的时序关系以及用户可接受的响应时间。

各种复杂的逻辑关系交织一起，还要维持最优的简洁体验，软件架构是最大挑战。我们的研发专家和工程师们总共迭代了 16 个版本，把 240 多种复杂场景全部遍历一遍，才定型最终方案：将指纹的功能隐身在电源键中，用户还和没有指纹的机器一样操作电源键，但需要指纹发挥作用的场景，指纹都悄无声息地把活干了，这样才能给用户带来非常友好的体验。

向前一小步，技术领先一大步，我们终于在笔记本的指纹体验上做到了全面的超越和创新。

这个过程让我们深刻体会到，在产品设计上多即是少、少就需多。让用户多适应、多训练、多思考、多操作，那就一定少愉悦感、少轻松感、少满意感；要让用户少一点烦琐，我们就必须多几十倍的思考和开发、优化和改进工作。体验没有最好，只有更好，我们的优化没有终点。

时隔两年，新一代 MateBook X Pro 产品在 2018 世界移动通信大会上高调亮相，再次吸引了全球 IT 行业的眼球，两天内获得各知名国际媒体九项大奖。13.9 英寸的全面屏（PC 首款）及键盘上隐藏式摄像头的设计创新，让产品整体外观和视觉效果更出色，使用体验也更人性化。

笔记本电脑曾经在个人消费电子产品中是高科技、高价值的代名词。但行业发展了三十多年，产品的创新和体验提升渐渐落后于其他产品，如手机、电视、汽车等。我们新进入这个领域，就是希望能利用在智能手机、平板和移动宽带产品上多年积累的技术和创新理念，为 PC 用户带来实用的价值，也为行业注入创新动力。当然，我们的产品仍有一些细节做得不够、积累不足，我们必将持续优化和改进，不断创新和提升，让用户能有更好的体验，让 MateBook 名副其实。

小盘子里分大蛋糕

作者：苏　杰　*　文字编辑：陈丹华

　　说起华为的终端产品，相信绝大部分消费者都能想到手机，却少有人知晓，华为最开始在欧洲、美国、日本等高端市场攻城拔寨，稳占全球第一市场份额的终端产品，是这样一个看似并不起眼的小玩意儿——数据卡。

　　我们在 2005 年底开始进入欧洲无线数据卡市场，2008 年就进入欧洲几乎所有运营商国家子网。当我 2018 年走进欧洲街头的运营商零售店里时，竟然还能看到华为的数据卡产品在销售。

　　店员告诉我，欧洲许多人习惯了这种提供移动数据服务的终端产品，因为它携带方便，可以多人共享移动服务，所以每个月都有固定的消费者购买。

　　看着这个无比熟悉的产品，我心底的自豪感油然而生。消费者市场一直是海鲜市场，用户对产品喜新厌旧是常态，这个产品却畅销了十年。恍惚间，我仿佛又回到了十多年前，那时的华为终端公司还挣扎在温饱线上，求生存是首要目标。

第一个"小目标",至少撑两年

2006 年,华为终端业务部举步维艰。当初华为手机产品线的成立是为了配合无线设备的销售,那时手机市场已经是一片红海,华为作为后进者又没有什么技术优势,连续三年因为亏损而到处找别的部门借钱发奖金,其他终端产品也收益甚微,人员士气低落,内忧外困。

为了扭转形势,终端公司邀请当时手机业的"龙头老大"Motorola(摩托罗拉)来公司交流,未料到 Motorola 的 CEO 却给我们兜头泼了一盆寒凉刺骨的冰水——"我劝你们华为放弃终端产品,聚焦网络设备。我认为就像消费者只认同两种可乐饮料一样,他们将来也只会接受两个品牌的手机,那就是 Motorola 和 Nokia(诺基亚),其他公司没有机会。"

他这番话并非危言耸听,甚至是带着些许诚挚之意的劝诫。那时连我们自己的部分主管都对终端产品的前途堪忧,认为公司资源有限,不应再分散精力投入到终端产品的研发中,有人还提议将终端公司转售出去。

但我们真的应该放弃吗?如果不放弃,华为人能做好终端产品吗?没有人敢给出肯定的答案。

2006 年,终端产品 99% 的市场都还是 2G 产品,竞争对手的产品品牌、技术实力都很强,如果我们想在 2G 产品上分一杯羹,可能要投入巨大的资源和成本,还不一定能杀出一条血路。但 3G 市场就不同了,那时华为在世界各地帮运营商建了一些 3G 无线网络,却没有多少 3G 的终端产品,因为能上网的手机很少,移动互联网还只是人们脑海中的一个概念。

那我们能不能借这个机会，做出3G终端产品，在3G市场突袭成功？

这个想法一提出来，争论声一片。有人质疑这种想法太疯狂，认为当时99%的市场都是2G产品，我们放弃2G产品，几乎是放弃了整个市场，把宝都压在3G这个未来上，可未来什么时候才会来？但也有人坚持认为3G网络都已经全面开始建设了，3G时代还会远吗？我们与其在2G这个夕阳市场上去争得头破血流，还不如聚焦3G市场的需求开发出有竞争力的产品。

回到2G，面临的是强敌环伺，四面楚歌；冲往3G，虽然迷雾重重，但也许就能异军突起，率先突围。

终端公司的管理团队经过多次讨论，最终达成共识，将有限的研发力量全部投入3G终端产品的研发，相当于放弃了99%的市场，尽全力赌明天。为此，公司在北京成立了WCDMA手机团队，在上海成立CDMA手机团队，在深圳成立了数据卡产品团队，战略诉求就是在3G终端产品实现业界领先，既然已经错过了2G终端，那就在3G终端产品上谋求一席之地。

而我那时被公司任命为数据卡产品团队的主管。2006年3月的一个下午，当时终端公司的CEO郭平找我谈话，要求简短而明确："数据卡是一个细分市场，Motorola和Nokia等巨头因为市场空间小而没有重视，你来带领数据卡的产品团队。公司要求是小盘子里分大蛋糕，要贡献利润，至少要撑两年，要撑到我们手机盈利那一天。"

我接下了这个军令状，没有任何退路，只能迎难而上。

持续创新，奠定行业格局

公司选择在数据卡这个终端产品上投入重兵，是经过深思熟虑的。

2006 年全球各地已经建了不少 3G 网络，但没有业务，就好像是建了一条高速公路，却没有车能在上面跑，于是数据卡产品就应运而生了。

那时消费者主要通过 PC 或者便携机上网，数据卡就是一个上网设备，里面装上运营商的流量卡，再插在笔记本电脑上，就可以让用户摆脱网线的束缚，随时随地上网，真正实现移动办公。

当时数据卡主要采用 PCMCIA 接口，数据卡的尺寸很大，而且只能用在便携机插槽中，用户少、市场规模小。

2006 年，某运营商客户提出能否将 PCMCIA 接口换成更通用的 USB 接口，当这个需求从一线传递到研发时，技术专家分析后觉得不可能实现，因为 USB 的电压不够。但研发体系里总有不信邪的"傻子"，觉得不试试怎么知道不行呢？

华为研发团队经过一年多的努力，在吴古政、张巍、孙亚平等技术骨干的带领下持续努力，终于克服了技术难题，诞生了全球畅销的 USB 数据卡产品——E220。

全球畅销的 USB 数据卡产品——E220

E220 产品技术上有两个重大突破：一是第一次在 USB 口上实现数据通信功能，将数据卡的市场空间提升了十多倍；二是首次实现免安装，去掉了安装光盘，让消费者可以随时随地上网，大幅度提升了易用性。

2007 年，华为 E220 和苹果 iPhone 等产品一起被海外知名媒体评为当年最有影响力的消费电子产品。

E220 的成功让数据卡团队认识到，通过技术创新提升消费者易用性是主要的努力方向。E220 虽然是 USB 接口的，但还是要带一根 USB 线，使用时略有不便，于是我们就思考，能否去掉这根线呢？

2007 年底，第一款不带 USB 线的移动宽带产品 E170 上市，形态类似于 U 盘，在国外被称为 Stick；2008 年全球首款支持 USB 旋转头的数据卡产品 E180 面市；2009 年全球首款无线接入互联网的 E5 产品面市……

我们不只是在外观连接上持续优化，在上网速率上也不断改进。配合华为的无线网络，依靠华为公司在 3G 网络的技术优势，数据卡团队总是第一时间将有竞争力的产品推向市场，服务消费者。

持续创新的华为数据卡产品逐渐得到了欧洲消费者的认可，市场份额稳步上升，我们成功实现了"小盘子里分大蛋糕"的第一步战略目标。

"要将坏事变成好事"

E220 产品突破欧洲后，我们就将下一个目标对准了日本市场。

当时数据卡团队信心满满，认为我们的产品都已经在欧洲所向披靡，征服日本市场应该不在话下，没想到，我们在日本卖的第一款数据卡就遭到了客户 Emobile 的投诉——产品有兼容性问题！

大家瞬间都懵了。我们明明在国内测试过，我们的产品适配在任何电脑上都没问题啊，怎么到日本就出事儿了呢？

后来大家一番探查之下，才搞明白原因——东芝在日本本地卖的便携机和在中国卖的不一样，就算是同一个型号，在软件上也有差异。

其实，华为在给日本发货之前，派工程师去过日本，就是想把我们的数据卡插在日本的便携机上试试，但阴差阳错之下，他就没测成。第一次，他去了日本最大的电子商城，却因为穿了牛仔裤被拒之门外，第二次他穿着正装进去了，又因为没带翻译，电子商城里的服务人员英语也不太灵光，又没测成。我们只能用国内买到的东芝笔记本电脑测试，结果就出了纰漏。

得知问题出在电脑上，为了能用最快的速度让远在深圳的研发团队对症下药，日本代表处代表阎力大亲自推动，在日本当地采购了几台东芝笔记本电脑，并以最快的速度送到深圳研发团队手中，为我们抢出了宝贵的时间。

我带着兄弟们三班倒，24 小时不间断地解决问题。EMobile 的研发主管也飞抵中国，和我们一起开会研讨解决方案。他早上 9 点来，晚上 9 点走，中间就没出过会议室。我们本来还安排了中午出去吃个饭，但他坚持和我们一起吃盒饭。这样的同甘共苦让人感动，也给了我们更多的压力。

用了近一个月时间，我们将数据卡质量问题的方方面面都彻底梳理了一次。有好几次，被折腾得疲惫不已的团队成员曾经讨论过，我们是否还能坚持下去？是否还值得坚持下去？时任终端公司 CEO 的郭平那时就在日本前线和客户沟通，他每天打电话回来给我们鼓劲，说得最多的就是一句——"要将坏事变成好事"。

日本客户将日本市场上的所有便携机型号都安排了多轮测试，测试极其仔细，不放过任何一个细节问题。他们对质量的态度和方法对数据卡团队是一次彻彻底底的磨炼，也正是这一次涅槃，让我们得以重生。

一个月后，华为数据卡产品 E227 在日本市场重新上市，半年之后 E227 销量第一，份额远超 EMobile 另一家日本本土的供应商，产品质量数据也明显好于其他产品。EMobile 的研发主管对我说："我以前以为日本公司是全球最拼命的公司，后来我发现你们比我们更厉害。"

E227 被 EMobile 当作是与华为一起研发的产品。第二年，华为成为 EMobile 数据卡唯一的供应商，发货量翻了数番。华为也帮助 EMobile 在日本市场快速提升了份额。

后来，Softbank、NTT Docomo、KDDI 都主动找到华为，希望购买相关的数据卡产品，我们又研发出了新一代的数据卡产品 E5，这款产品荣获日本最佳移动设备奖，出现在日本的大街小巷，随后几年日本市场上的数据卡产品几乎都来自华为。

这一次的经历让数据卡研发团队深刻认识到，不重视质量对终端产品来说是死路一条，坏事可以变成好事的关键是领导的信任与鼓励，团队的凝聚力正是来自于共同经历的苦难。

实现无盲点覆盖

2007 年初，终端公司要求数据卡产品能做到无盲点覆盖，目标就是要让数据卡产品服务每一个运营商，服务于地球上每一个有网络覆盖的地方，立志有3G网络的地方就有数据卡产品。

要达成这样的目标，就必须要实现软件、硬件的定制，为运营商提供贴身的定制服务是运营商选择华为的主要理由之一。但定制版本多就很容易带来质量风险，而且产品定制太多肯定会降低生产效率。那时整个数据卡团队的研发人员才几十人，定制开发团队经常要工作到晚上10点多，还有近百个定制版本需要开发。这种人拉肩扛的模式，怎么可能实现无盲点覆盖的目标？

我召集大家讨论对策，专门抽调研发骨干组成工具小组，由孙亚平带领团队将定制工作工具化和配置化，减少人为因素对定制质量的影响。一年后数据卡的定制项中超过80%是通过工具实现的，不需要更改代码，效率提升很快，定制的质量风险也得到了有效控制。到2008年，50多人的定制研发团队一个月可以出400多个定制版本，有效支撑了每一个运营商无盲点覆盖的策略。

研发定制问题解决后紧接着面临生产交付问题，因为1000片或者2000片的定制产品在生产时生产线要经常更换，生产效率大打折扣。我去供应商的生产线上工作了一个多月，发现要解决交付难题，不能仅靠生产环节的优化，更多是要通过前端努力来解决。一方面要提高市场要货的准确性，另一方面在硬件研发上也要面向定制交付重新设计。于是我们的硬件工程师上到生产线，分类分解100多个生产环节，产品设计时将定制件的生产装配尽量往后挪，通用的PCB版和结构件的生产尽量前移。

2009年，经过重新设计的产品上市后，生产交付环节的矛盾大大缓解，供应100多个国家的十多款数据卡产品只有最后三个生产环节不同，生产效率提升数倍，支撑了我们此后在运营商市场的无盲点覆盖。

思路决定出路，定制工作通过技术改进而得以优化提升，聪明务实地解决问题、提高效率是我们的追求。

如今，十年过去了，数据卡团队已经远超过当初撑两年的小目标，在市场的小盘子里一直分得大蛋糕，以最优异的产品服务全球的消费者，并锻炼了队伍，逐步在手机、IoT（Internet of Things，物联网）、平板电脑与笔记本电脑、消费者云服务等更大的市场空间中赢得服务更多消费者的机会。回头看，我们一步一步攀登的脚印坚实而清晰，我们为自己是华为终端人而感到骄傲和自豪！

客户说一切免谈

作者：曹 炜 * 文字编辑：杨西奥 黄海强

小时候喜欢看地图，我一直好奇地球的另一面怎么会有人叫自己的国家"危地"，而且还要"马拉"才行。进了华为才知道"马拉"是不用，但三天两头的大小地震时刻提醒着大家，这的的确确是"危地"。

七年，三任，前赴后继，一心寻求，不断突破，地震带上的兄弟们仍然奋战在"危地"，但这里早已不再用"马拉"，而是摇身一变成领跑的风水宝地。

一地鸡毛，杂牌中冲出血路

2011年，拿着一本崭新的护照，对拉丁美洲阳光海滩充满向往的我，来到了危地马拉城。刚住进宿舍时差还没倒过来，首都就来了个5.8级的摇晃来欢迎我这么个小人物，让我立刻感受到了拉丁美洲的好客与热情。

为了回应这份热情，受宠若惊的我自信满满，拿出在新员工培训时练习过无数遍的PPT，敲响了当地运营商客户的门，希望他们可以给予我同样饱满的热情。结果热情没有感受到,但给我的谈判条件,却比 5.8 级地震还要猛。

她的目光从 PPT 转向办公桌,随意地打开边上的抽屉,一件一件掏出各种手机和宣传单页,扔到华为样机旁边,标准地向我微笑了一下,站起来说:"如果你的报价和他们一样,我就给你 PO,否则,免谈。"我捡起宣传单页,上面的三个品牌并不知名,属于我们传统认知的"白牌",我们产品的价格和它们一样基本不可能,客户的这种反馈让我心中感到阵阵凉意。

那天,我是倒退着走出了客户的办公室。回去后辗转反侧:为什么在客户眼中,我们唯一的竞争力就只有价格?为什么我们拥有完整的供应链,年出货量百万部,到了这里却被客户认作不入流的杂牌?

原因是多种多样的,但是目标却是唯一的——活下来。

我开始和客户经理咬文嚼字,从每一个角度反复推敲:危地马拉的消费者到底需要什么?运营商客户到底需要什么?从消费能力到生活习惯,从品牌认知到人性好奇,从采购策略到地位平衡,每天我和本地团队一起讨论,有时候,甚至上升到了哲学层面的争执。

与此同时,职能部门也在为新一代旗舰机上市紧锣密鼓地筹备:上市媒介投放,我们掂量着仅有的营销预算,一个个位置实地考察,是否从每一个角度都能看到我们的广告牌;首销路演的一些道具,本地供应商做不出来,就在国内做好让兄弟们带过来;甚至到最后,拿着广告设计图,挨个请教本地员工的家属,调研产品信息是否有效传递了出去。

几多夜,终无悔;万事备,欠东风。

多年后,我仍然记得最后一次与客户谈判之前的破釜沉舟:"大家做了这么周密的上市计划,如果真的卖不出去,我自掏腰包把它们都买回来!"

那声音反复回荡的背后,是我们和当地运营商客户的第一次旗舰机合作——Ascend D1,PO(订单)50部。

打铁还需自身硬,靠品质赢得认可

从第一个 50 部到第二个 50 部,第一个 100 部到第二个 100 部,消费者从尝鲜逐渐转为惊喜,这款产品渐渐从铁杆圈开始扩散开来,社交网络上也出现了一些自发的评测与粉丝小组。可口碑不断传出去的同时,运营商却是一副后知后觉地样子,断货了也不及时补货,这是要让我们自生自灭吗?

我们在问为什么,消费者也在问为什么,断货造成的用户流失,一天天煎熬着团队里的每个人。在我们从零售商暗中调查的同时,客户带着新的提议来了——若想深入合作,就必须进一步提高利润空间与返利。

终于,从一个零售商口中得知事情的缘由——某友商开始进入危地马拉市场,同样性能的 CPU,同样大的内存,同样像素的镜头,屏幕甚至比我们还要大,但价格却只有我们的一半!这样的产品,运营商、零售商不采购才怪!

本着对我司产品及供应能力的自信,我认为大放血的友商,就是想通过"伤敌一千、自损八百"的手段一步把我们扼杀,那么其产品或服务应该存在致命伤。兵分两路,销售线在拉丁美洲范围内对该友商策略进行调研,我也立即购买了该友商在当地市场推出的机型进行体验。然而在整个购机环节,作为旗舰机,促销员、宣传单页、店面宣传中，友商竟然一点都没有提及保修服务，这不合常理。

商场如战场，要么友商在产品生产上面做出了重要突破，拿到了干掉我们的核武器，用成本碾压我们；要么友商就是在孤注一掷，用战略亏损换取市场占有率。

关键时候，我们是应该后撤止损，还是坚守阵地？

"扛住！"此时此刻，无论是策略推演，还是全体士气，我们都只有这两个字！论质量，花拳绣腿永远取代不了十年苦练，市场终究会证明一切。

没多久，友商这款旗舰机因质量问题不断收到消费者的投诉。之后，客户虽然减少了与该友商的合作，但仍然被其售后问题熬尽了脑汁，耗费了大量精力。

经过这番惊心动魄的交锋，我不禁感叹，要想长久地活下来，从一开始就要拼质量。

暗渡陈仓，双渠道反客为主

单一客户的大腿抱得久了就像温水煮青蛙，搂得越紧心里越慌。

在2014年的客户采购会上，我们邀请了地区部部长携整个机关专家团到现场进行沟通。大家觥筹交错，其乐融融，一些遗留问题看似都会在一片和谐中迎刃而解。然而机关专家团的飞机刚刚起飞，客户的脸就如六月天一样说变就变——遗留问题，继续遗留；新的PO，暂停采购。

我开始反思，在这个运营商渠道为王的市场，是不是因为华为品牌单纯与其合作的畸形依赖关系，让我们完全丧失了说No的筹码。就像谈恋爱结婚一样，一段正常的关系是相互付出的，但倘若一方只懂得付出，那么就只会造成另一方的无尽索求。

现在平缓增长的背后暗藏着无尽的凶险，是时候考虑走一步险棋了，把合作重心从之前的最大运营商客户转到另外一家，形成客户之间的平衡。

但是转念又想，老客户是否会排斥华为、将注意力转移？新客户又是一轮新的认识，客户又凭什么认可我们？万般疑惑淤塞于心，我仿佛又回到了刚刚外派的那个愣头青小伙的状态，哪里都是问题，不知从何做起。

"My friend, You are no longer alone now. You have us all. We're a team!"（"朋友，你现在不再是一个人了。你有我们，我们是一个团队！"）

这一刻，我想我是真的爱上了我的团队和这块土地上的可爱人们。

既然怕老客户太过敏感，那就悄悄地做，来个先上船、后补票。在做好产品区隔的前提下，全员开始了面向新客户的新一轮创业。双方力求平稳，追求共同利益，在一次次试探中加深互信，一步步稳中求胜。几年后，当我负责整个区域的这个新客户销售的时候，危地马拉的客户负责人都念念不忘在内部帮我们助推一把。

当这个新客户的高端机在危地马拉市场迅速攀升、急赚人气的时候，老客户也想和华为加强高端机的合作。此时，我们早已直起了腰板，可以提出渠道管理的合理诉求了。

其乐无穷，拼创意做厚品牌

双渠道策略的成功让我们尝到了甜头，渠道很快就打开到了所有的运营商和分销商，可是不久，又一座隐形的大山挡在面前——渠道虽然在不断打开，但份额的增速却逐渐趋近于零，甚至停滞不前。

和运营商客户的合作一切正常，该进货就进货，该主推就主推，该激励就激励，可末端到消费者的零售就是无法保持一定的增速，像是有一个无形的天花板，就那么把我们挡在了当前的份额那里，再无寸进。这一次，解药又在哪里？

越是压力大，一个团队的负责人就越不能将这种焦虑向下传递。我和本地销售主管商讨后，决定带团队所有成员出去务虚两天，大家畅所欲言，彻彻底底地放松一下。

这次会议，也成了危地马拉终端团队的一次"遵义会议"。在渠道策略走到尽头的情况下，大家终于认识到，2C的业务，还是要回归2C的本质，消费者的认可，才是真正的竞争力，营销手段是形成这种竞争力的重要方面。我自己到微博上面翻译广告段子，分享给大家，激发大家的灵感。

心放开，手自然就放开了，每天除了日常工作，所有中方和本地员工最喜欢的一个环节就是，大家一人一杯咖啡，发散思维讲段子，看谁的产品段子更幽默，更亲民。一连串的思维火花就这么碰撞出来了。

受到其他兄弟地区部的启发，我们在危地马拉城最大的Mall前面的广告牌上投放了"Next is here"的广告语来呼应某友商；未雨绸缪地提前包下所有纸媒首页，让"We are already here"处处可见，来应对另一友商的宣传方案。

也许这些创意并不是最新或者最优，但市场营销团队在这股热情影响下，在我们规模不大的情况下，总能在每一个渠道，神奇地把营销费用的效果最大化地激发出来。

江湖再见,忆往昔峥嵘岁月

2017年,已经离开危地马拉几年的我,偶然的出差机会,再一次回到这个曾经战斗过的地方,正赶上当年公司某款旗舰机发布会。当地主管强烈要求我一定要参加,说这次很特别。

我略带疑惑地拿着邀请函来到发布会现场,似乎并没有什么特别,只是客户内部各部门来的人比预计的多了不少,可能是客户跟我们纠葛这么多年,终于还是和华为相亲相爱了吧?

HUAWEI P9 上市时的照片展

客户的采购主管走了过来，还是一如既往地那么干净利落，"Hola, amigo! Bienvenido a nuestro evento de lanzamiento!"（"老朋友，欢迎来到'我们'的发布会！"），给了我一个大大的拉美式拥抱。

原来这一次的发布会，不再像以前一样，是由华为跑前跑后忙出来的营销活动，而是客户专为这款机型举办的独家发布会！

我看着客户采购主管，感慨万千，忽然有些调侃地想起当年和她初见的情形，不禁模仿着她当年的口气，来了一句："如果你的报价和他们的一样，我就给你PO，否则，免谈。"当我说到"否则，免谈"的时候，她也不禁哑然一笑，和我一起重复道"否则，免谈"，但接着又补充了一句，"可我们还是谈了下去，向彼此证明了我们的能力和野心，不是吗？"

"Salud!"（干杯！）

"Salud!"（干杯！）

多少辛苦事，都付笑谈中。再见往昔峥嵘忆，还看今朝再崛起！

开放胸怀，建设混凝土精兵队伍

作者：马箐箐

加入华为一晃二十多年，从研发到国内市场，再到海外营销，经过多次轮岗，2014年我转身负责华为消费者业务人力资源工作。近几年消费者业务高速发展，2B与2C的差异给人力资源管理带来了巨大挑战。"吸引各领域优秀人才加入，补齐业务能力短板，打造全世界最有战斗力的队伍"，是华为消费者业务人力资源团队的共同追求。

任正非总裁说："英雄不问出处，只要能给我们带来胜利的都是华为人，都是战壕里的兄弟连。"伴随华为兄弟部门同事、业界牛人、应届毕业生的加入，以及越来越多优秀人才被提拔，华为消费者业务迅速崛起，同时逐步形成了更加开放包容、混凝土式的精兵人才队伍。

老华为：奋斗者永远年轻

2015年，为支撑消费者业务高速发展，公司号召各领域干部人才加入消费者业务建功立业，至今每年均有逾千名兄弟部门优秀同事加入消费者业务大家庭，历经实战洗礼后，他们已成为各个领域的中坚力量。

俊松正是响应公司号召、第一批报名转岗的同事之一。我和他聊道："你没有相关经验，建议先去消费者业务战略预备队训战，预备队是公司培养将军的摇篮，边训边战，你是否做好了准备？"作为已为公司服务十八载的老华为人，俊松没有半点犹豫，带着华为人一贯的执着，交接完工作就到消费者业务大中华区报到。训战一开始，和许多人一样，他深刻体会到隔行如隔山的痛苦，此时很多零售概念听起来像听天书。竞争残酷，但面对全新视野带来的挑战和机会，更是乐趣与动力！训战的几个月里，俊松几乎跑遍了所在地大大小小的零售和服务店，在大区和电商场景训战转身中，与很多消费者、零售促销员、服务人员交上了朋友。

训战结束，俊松奔赴新岗位大中华区电商销售部，很多难题扑面而来。以前做运营商业务，他觉得单点突破是重点，转到2C领域后，发现整体协同更重要。大中华区是线上线下多渠道协同发展的模式，既有别于纯互联网手机厂商，也和传统线下手机厂商不同。如何走出一条华为特色的电商之路，这是前所未有的巨大挑战。功夫不负有心人，经过一年多努力，结合训战期间积累的知识，俊松和团队成员克服重重困难，逐步打造出线上线下相互促进和繁荣的积极局面，线上大促销取得历史性突破。俊松因此被任命为大中华区电商销售部部长，同年他带领的团队获得华为公司金牌奖。

对于十多万名华为奋斗者来说，转身早已不是什么稀罕的事情，最大的收获也不仅仅是一份嘉奖，而是再一次奋斗的机会，这些始终激励着我们保持创业的激情、学习的渴望以及永不服输的心态。一个岗位就是一个坚实的脚印，奋斗者永远年轻！

业界大咖：华为消费者业务，原来我并不懂你

Jason 是我们接触到的业界某领域专家，而该领域恰是华为的能力短板。两年前，我利用出差间隙当面向他表明诚意，希望他加入。在他看来，华为是一个响亮且神秘的代号，而神秘也是外界对华为最多的评价之一。我极力邀约他先来深圳总部亲身感受一下，这一等就是一年半。用一年、两年甚至更久时间跟进高端候选人加入，这样的案例在我们团队并不鲜见。

"华为和想象中不太一样，"Jason 分享道，"高层主管没有专车，自己叫车去机场，面试过程更多像朋友间聊天。除了聊岗位本身，几乎各环节面试人谈到业务都十分兴奋，感觉大家对未来充满信心。而消费者业务 CEO 面试时看我用的华为手机，立马给我当上客服，询问体验感受，并亲自拿手机演示，帮我处理问题。"聊天过程中，华为了解了 Jason，Jason 也更进一步认识了华为，"逐渐找到一种同路人的感觉"。他最终接受了华为的 Offer，除了工作机会本身，打动他的还有这些点点滴滴的细节。

Vincent 是今年刚加盟荣耀品牌的专家，与我们接触过程中，HR 小杨的执着让他印象颇深："我计划用 10 天时间旅游开车到稻城亚丁，告知小杨回来再细聊。实际却是在旅途中几乎每晚他都主动与我联系，下班遛狗也会打来电话聊天，经常不知不觉聊到很晚。我们的沟通很坦诚，他讲了很多华为消费者业务的日常工作，没有一味吹捧，评价始终客观。通过这些讲解，华为消费者业务慢慢开始有了血肉，如果说起初只是一份模糊的意向，这样接触下来，坚定了我

进一步了解华为的想法。"

在华为消费者业务，我们一直强调找人是各级主管最重要的任务。Samuel 是中国某领域首屈一指的专家。第一次见面，我们把他邀请到新产品发布会现场，希望把华为国际化平台、巨大的事业空间展示给 Samuel，同时认为和 Samuel 的沟通，也是一次听取消费者意见的过程。事实上，Samuel 和华为消费者业务的主管们果然像老友一样就产品、零售、渠道等方面侃侃而谈，其中许多观点不谋而合。随后我们管理团队几位成员分别与他见面，进一步相互请教交流，Samuel 加入的意向逐渐明朗。

遗憾的是，Samuel 最终选择暂缓接收我们的 Offer。他向当职公司请辞后，这家公司特意为他定制、策划一系列暖心活动挽留了 Samuel。我们因此深受触动，也十分敬佩这家企业对人才的重视和用心。在人才吸引和保留上，我们还要多学习优秀经验，相信在不远的未来，会有更多 Samuel 选择加入。

90 后"小鲜"：这个团队有一种魔力

一年一度的华为销售精英挑战赛、软件大赛等是华为校园招聘优中选优的舞台。我在给优胜者颁奖的现场，听到了大家的精彩分享。

清华大学阿勇谈道："去海外开拓终端市场，增长见识，这是凭我一己之力很难实现的，所以我特别想去这样的平台。""不参加比赛，我从不知道自己那么渴望变得优秀。"华中科技大学小敏认为。正是这种年轻人互相带动和鼓舞的氛围，让不少应届生选择华为消费者业务作为自己职业生涯的第一站。

燕霞，毕业于北京大学财经新闻专业，现任职于华为应用市场，是华为消费者业务2016年校园招聘签约的优秀应届生。作为一个标准的90后，她有着这个群体的共同特质，如喜欢分享表达，渴望自己的观点和价值得到认可尊重，不喜欢被人随意安排，有个性化的想法，等等。"很庆幸兼容并蓄的北大培养了我独立思考的能力以及勇于探索的精神，更为庆幸的是进入华为后，我依然可以保持这些特性，"燕霞分享道，"导师华哥对我的辅导是毫无保留的。"应用首发是燕霞非常重要的一项工作，入职那天起，导师给她机会跑步上岗，第三个月已开始独立操盘，刚过试用期便独立完成20多款应用首发，其中8款首发效果全渠道第一。正是这种信任授权，让新人成长飞速，现在她又接到新挑战，去拓展90/00后新生代用户。

燕霞是幸运的，燕霞的导师确实在我们内部树了标杆。尊重个性，让更多95后、00后快速融入并发挥价值，这是近年来我们管理团队面临的课题，目前也还存在很大的改进空间。我们相信，通过榜样的力量牵引，将有更多新生代优秀人才脱颖而出。如此氛围下，大家才会更大胆展开拳脚，在自己的业务领域不断创新和超越。

在燕霞看来，华为也像另一所大学，入职培训就像是上大学的开始。全球各地资深主管结合自身实践，给新员工讲业务、解读企业文化；站店实践则让燕霞亲身感受到"以消费者为中心"企业文化的落地。一个月实践里，她穿着华为T恤，快速掌握了华为手机、平板等产品知识，体验到与数百位消费者沟通的乐趣。实践结束后，燕霞与同事们依依不舍，各自奔赴全球岗位。他们收获的，还有彼此间兄弟姐妹般的友谊。

华为销售精英挑战赛全国总决赛颁奖

简单做人，聚焦做事。在这样一种充满魔力的氛围里，大家心纯粹，脚踏实。

年轻干部：事业留人，机会留人

许多人好奇，在华为究竟什么样的人能脱颖而出？Peter Hu 是华为消费者业务快速提拔的年轻管理者之一，加入十一载，在海外一线奋战十年，用他自己的话说——"当初来海外真是一穷二白、胸怀天下，我是在公司充分授权的土壤上成长起来的。"

的确，Peter Hu 从一个事无巨细的基层产品经理做起，三年提拔为国家主管，七年升任华为消费者业务地区部部长。"宰相起于州郡，猛将发于卒伍"，华为坚持从实战中培养、考察和选拔干部，而这一切也受益于管理者"之"字形发展机制，Peter Hu 分享道："不同岗位的实战历练机会就是最好的激励。"

连续在海外十年的扎实耕耘,让 Peter Hu 和家属一起站上了公司天道酬勤领奖台。最美的风景在路上,忆起海外岁月,从南欧、东北欧、再到南部非洲,全球化的工作模式,多民族、跨文化、异域风情的生活体验,每一次转身,每一段经历,都是他弥足珍贵的财富。人生攒满回忆就是幸福!

Peter Hu 现已回到深圳总部从事管理工作。从早期做运营商定制,到面向消费者转型做智能手机,他见证并亲历了华为消费者业务的发展,相信这一次他的转身,能把更多业务实践经验引入

东南非终端团队与花粉活动现场(约翰内斯堡)

新岗位。而人才与干部的持续流动机制，也是我们队伍能够保持活力的原因之一。

消费者业务在人才吸引保留、组织能力与队伍建设等方面距离业界最佳还有非常大的差距，还有一条很长的路要走。打造一支有追求、世界上最有战斗力的混凝土精兵队伍，我们必须时刻心怀敬畏之心，快速学习改进。

华为消费者业务渴望与勇敢、智慧、热血的每位同道并肩作战，去挑战每一次不可能！